もう
転ばない！
倒れない！
老けない！

新聞紙体操

原宿リハビリテーション病院
名誉院長
林 泰史
Hayashi Yasufumi

イキイキ
100歳まで生きる
新聞紙体操のススメ

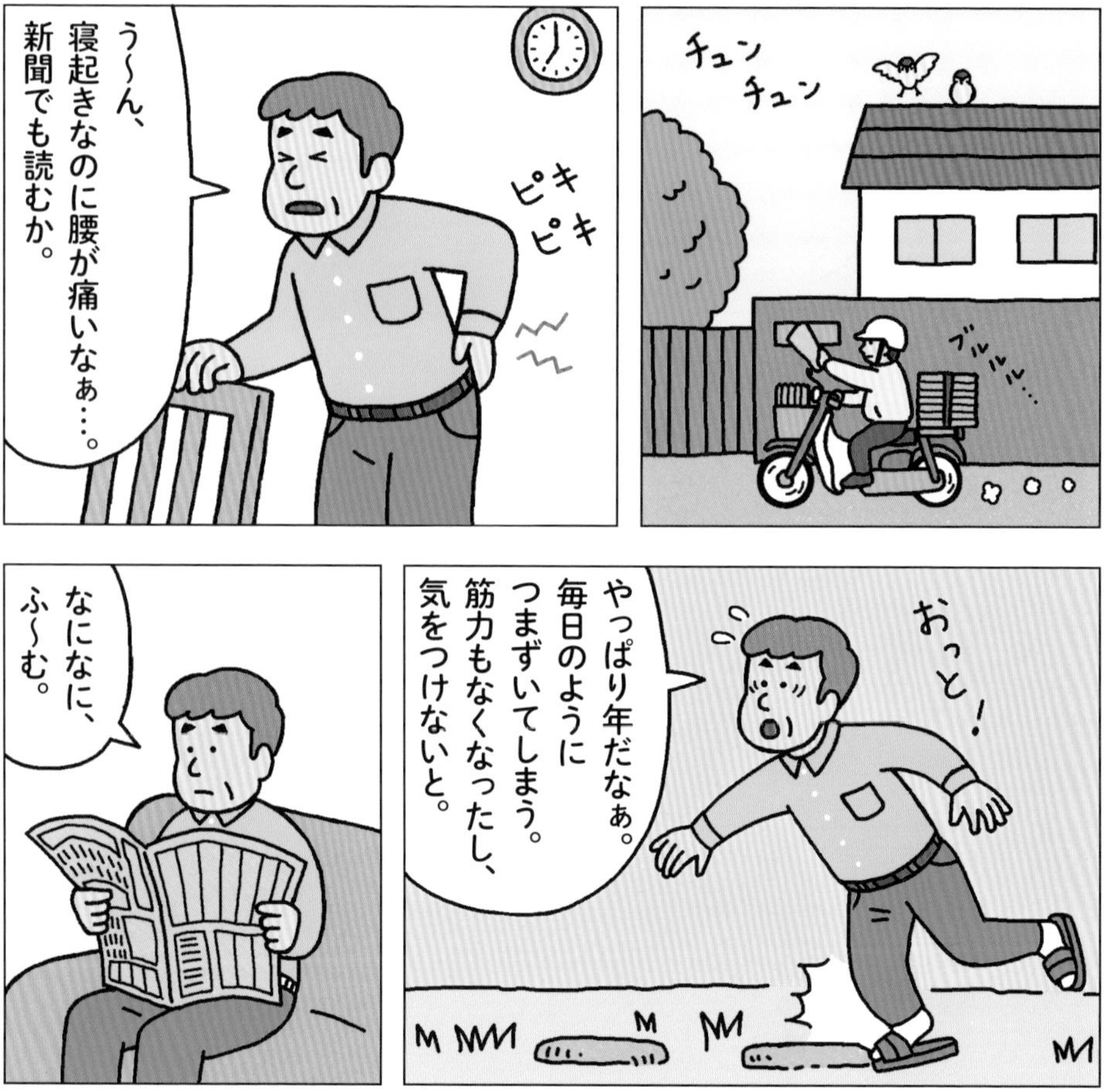
チュン
チュン
ブルルル…
ピキ
ピキ
う〜ん、寝起きなのに腰が痛いなぁ…。新聞でも読むか。
おっと!
やっぱり年だなぁ。毎日のようにつまずいてしまう。筋力もなくなったし、気をつけないと。
なになに、ふ〜む。

アッツツ…。
新聞を読んだだけで体の節々が痛い…。どうにかしたいのう。
フッフッフッ
その悩み、私が解消しましょう！
……。
ばあさん、不審者じゃ！警察に電話しとくれ！
不審者じゃありません！
体の不調を克服し、健康的な毎日を送りたくないですか？
え？
本当にこの痛みがやわらぐんですか？
もちろんです！私はリハビリ学会の功労医林泰史と申します。
原宿リハビリテーション病院
名誉院長
林 泰史
ビシッ

80歳になるいまでも現役で働いています。
なに！ 私より年上なのに現役ですと！
どうやら運動が足りていませんね。先ほどは転ぶ一歩手前でした。
ギクリ！
昔は登山でならしたものですが…
介護が必要になる原因の4位が「骨折・転倒」なんです。
知ってますか？
1位 認知症 18.7％
2位 脳卒中 15.1％
3位 高齢による衰弱 13.8％
4位 骨折、転倒 12.5％
5位 関節疾患 10.2％
※内閣府「平成30年版高齢社会白書」より
うーん…
先生、お願いですから脅かさないでください。
さらに言うと、不慮の事故による死亡原因としては、2位になるのですよ。
えー!!

とはいえ、あきらめないでください！新聞紙体操で、衰えた筋力をよみがえらせましょう！

新聞紙体操？

以前から私たちの世界にあったリハビリに、改良を加えた体操です。家の中でできますし簡単な動きばかりなので、運動が苦手な人にもおすすめですよ。

おじいさん！

うむ！ 孫をまだまだ抱っこしたいからのう。なにを用意しましょう？

新聞紙とテープと割りばし、あとは背もたれ付きのイスを用意してください。
※詳しくはP26へ。
まずは、つまずきを防ぐための、下半身の運動からいきましょう！

メラメラ…

はいっ！

童心に帰るようで楽しいですね！

そうです。楽しみながらやるのが一番大事です。

お次は新聞棒です！
グィーン
ヒョイ
なかなか難しい！
アツツツツ…
はじめから全部できる必要はありません。毎日少しずつでOKです。なにより続けることが大事。
短時間でできるから家事の隙間時間にやってみようかしら。
まずは2週間続けてください。必ず体が変わってきます。ただし、無理は禁物です。
はーい
そして2週間後・・・
チュンチュン
ブルルル…
ふぁ〜〜あ。最近は朝の伸びも快適じゃ。朝刊をとりに行こう。
すっきり！

ほっ
ほっ
おじいさん、やっぱり動きが軽やかですよ。
やっぱり！ばあさんもそう思うか！
孫をおんぶして散歩するのも夢じゃないのう！
調子に乗ってケガはしないようにね。
それもこれも、林先生のおかげだ。ありがとう！
私もリタイアしていた山登りに挑戦するわ！
それはいい！富士山に挑戦じゃ！
読んでよし！体操してよし‼
わしの健康寿命は新聞に支えてもらうしかないな！
目指せイキイキ100歳！

はじめに

1939年に大阪でオギャーと生まれた私が、医師という仕事を選んでから55年の月日がたちました。現在勤めている原宿リハビリテーション病院では名誉院長というありがたい職名をいただきながら、80歳を超えた今でも医師として現場に立っています。

それは、一人でも多くの患者さんに元気になっていただきたいという気持ちが私を動かしているからです。

「老い」は4つの言葉で定義されます。

- **全ての人に例外なく起こる**
- **あらかじめ体内にプログラムされている**
- **進行して後戻りしない**
- **体にとって不都合な現象が生じる**

私はこれまで高齢者医療、リハビリテーションと骨の診療に医師人生を捧げてきました。なかでも骨粗しょう症の基礎・臨床研究に心血を注ぎ、骨折による寝たきりの患者さんを少しでも減らせるよう、骨折の危険に対する理解を深める努力を続けてきたつもりです。

老化は肉体の衰えを伴います。筋力が衰えるとつまずくことが増え、転倒につながります。その結果、リハビリの甲斐なく寝たきりになるなんてことも……。たった一度の転倒が、あなたの人生を大きく変化させてしまうのです。

「平成30年版 高齢社会白書（全体版）」によると、「骨折・転倒」は高齢者が要介護となる主な原因において、「認知症」「脳血管疾患（脳卒中）」「高齢による衰弱」に続き、４番目の多さになっています。

認知症や脳卒中などと同じく、**「転倒・つまずき」を予防することは、寝たきりの危険性を低くするといえます。**

老いは誰にも等しく訪れます。誰もが自分の行く末から目をそらしたくなるものですが、具体的に対策を講じないといけない時期は必ずやってきます。

そしてその時期は早ければ早いほどいいでしょう。

若い人は毎日の生活で無意識に手指や足を使い、他人と交流して脳の機能の低下を防いでいます。しかし年齢を重ねるとだんだん社会に出る機会が減り、どんどん生活範囲が小さくなっていき、脳や体の機能が衰えるのです。

私が今回提唱する**「新聞紙体操」は、楽しく毎日を過ごせることをテーマにしたトレーニングです。高齢者向けのリハビリとして基礎的な運動に、新聞紙と新聞棒を使ったアレンジを加えています。**

体全体を動かして筋肉や骨を刺激し、また指先や口などを使って他人と交流することで脳の活性化も促します。簡単にできる上に効能に関しては折り紙つきです。

また、体操はもちろんですが、新聞を読むことで脳も刺激を受けます。毎朝新聞を楽しみにすることは、あなたの心をフレッシュに保ち続けるでしょう。

さらに、新聞紙を使ったトレーニングを日常に取り入れて、心と体を同時に満たせるような毎日を送りましょう。

誰にも等しく訪れる老いという現実。100歳まで自力で歩いて、イキイキ暮らすために、転倒リスクを軽減させる運動に励んでください。

新聞紙体操があなたの最高の人生のお手伝いとなれば、それに勝る幸せはありません。

新聞紙体操目次

漫画　イキイキ100歳まで生きる 新聞紙体操のススメ　6
はじめに　12
あなたのフレイル状態チェック　22
新聞紙体操で鍛えられる部位　24
新聞棒の作り方　26
第1章　脚・足を伸ばそう、鍛えよう　28
新聞紙体操①-1　ジリジリ足指たぐり　30

新聞紙体操①-2 足指でビリビリやぶり 32
新聞紙体操①-3 ツボツボ青竹踏み 34
新聞紙体操①-4 ドスコイ四股踏み 36
新聞紙体操①-5 イキイキスクワット 38
新聞紙体操①-6 グイグイつま先リフト 40

第2章 肩・腕を伸ばそう、鍛えよう 42

新聞紙体操②-1 バンザイ背伸び運動 44
新聞紙体操②-2 バンザイ横倒し 46
新聞紙体操②-3 グングンボート漕ぎ 48
新聞紙体操②-4 グルグル肩ひねり 50
新聞紙体操②-5 バックリフト 52
新聞紙体操②-6 ブンブン素振り 54

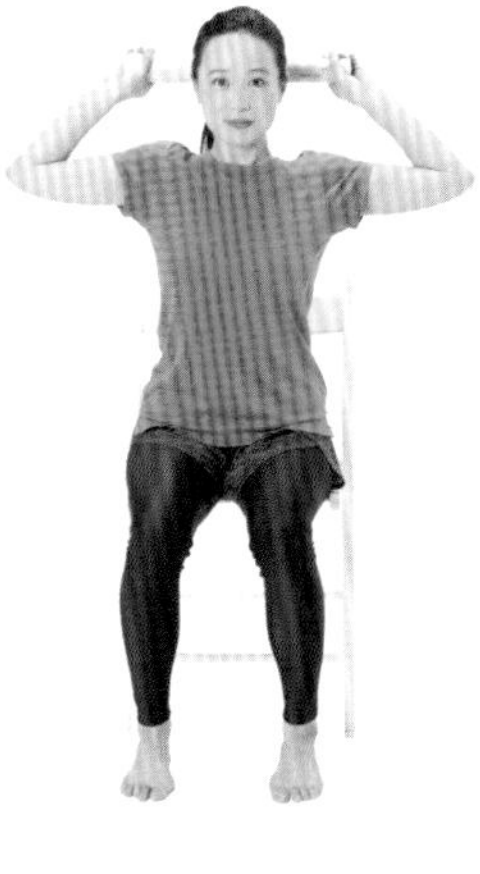

第3章 首・肺を鍛えよう 56

新聞紙体操③−1 アイウエ音読 58

新聞紙体操③−2 全力フーフー息かけ 60

新聞紙体操③−3 スッキリ首ストレッチ 62

新聞紙体操③−4 グイグイおでこプッシュ 64

第4章 手首・指を鍛えよう 66

新聞紙体操④−1 ヒョイヒョイ指つまみ 68

新聞紙体操④−2 手のひらバランス 70

新聞紙体操④−3 ブンブンアクセル回し 72

第5章 脳を鍛えよう 74

新聞紙体操⑤-1 新聞棒キャッチ 76

新聞紙体操⑤-2 パンパン拍手キャッチ 78

新聞紙体操⑤-3 パタンと股キャッチ 80

第6章 ペアで楽しく鍛えよう 82

新聞紙体操⑥-1 新聞棒ネジネジ渡し 84

新聞紙体操⑥-2 対面棒キャッチ 86

新聞紙体操⑥-3 足指たたみ競争 88

新聞紙体操⑥-4 足指やぶり競争 90

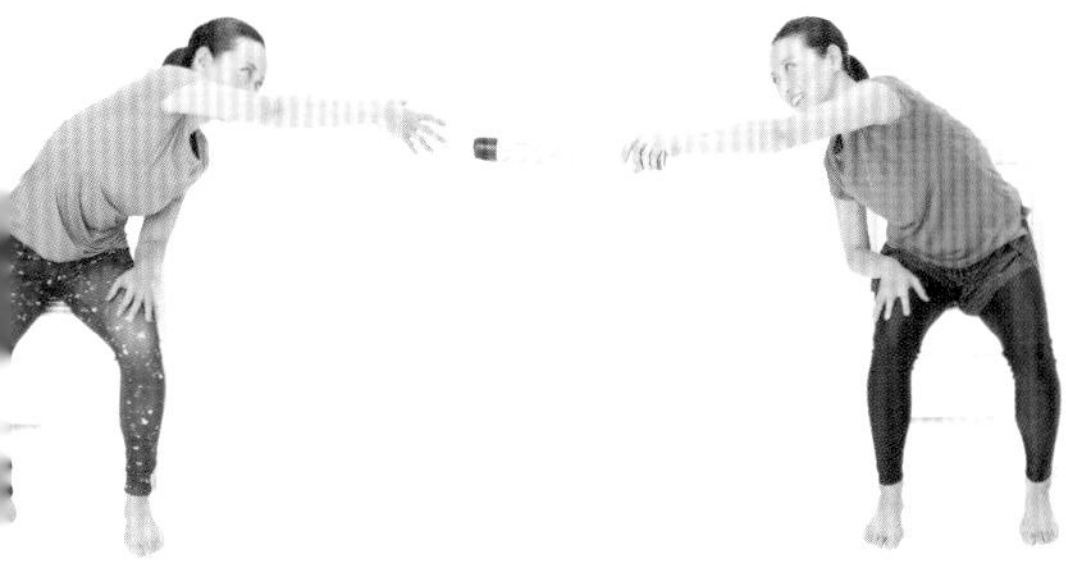

第7章 転倒リスクを回避する 92

- 骨がもろくなるメカニズム 94
- 転倒の原因は筋力の低下 95
- 転倒で寝たきりにならないために 96
- 骨折が招く引きこもりを防ぐ 97
- 転倒が多い場所を知る 99
- 段差などの外的要因を排除する 100
- 内的要因も同時に減らす 102
- 改めて身近な危険を認識する 102

第8章 骨と筋肉を強くする食事術 106

- 骨の老化予防はカルシウムの摂取から！ 108
- 牛乳と乳製品で骨を元気にする 110
- 小魚・海藻はカルシウムの宝庫 111
- 緑黄色野菜は常備菜として食卓に 112
- カルシウムとビタミンの関係性 113
- たんぱく質をしっかり摂取して転倒予防！ 115
- 筋肉作りにも重要なビタミンD 116
- バランスを意識した食事で健康長寿 117

おわりに 120

＼あなたの／
フレイル状態チェック

「フレイル」とは、筋力の低下や心身の活力の低下といった、加齢によって引き起こされる「虚弱」状態のことを指します。

高齢者が健康な状態から要介護状態に移行する際に、このフレイル状態を経るので、この段階で適切な対策を取ることが重要です。

詳しくは次ページを見ていただきたいと思いますが、まずは一番簡単な方法で、ご自身の筋肉量を測ってみてください。

◉両手の親指と人差し指で輪を作る。

◉利き足ではない脚のふくらはぎの一番太い部分を輪っかで囲む。

指と脚に隙間ができる人はサルコペニア（加齢で筋肉が衰えた状態）の可能性があります。転倒・骨折リスクに注意しましょう。

「フレイル度」チェックリスト

以下の 11 項目をチェックしてください。

Q1	ほぼ同じ年齢の同性と比較して 健康に気をつけた食事を心がけていますか？	**はい・いいえ**
Q2	野菜料理と主菜（お肉またはお魚）を 両方とも毎日 2 回以上は食べていますか？	**はい・いいえ**
Q3	「さきいか」「たくあん」くらいの固さの食品を 普通に噛みきれますか？	**はい・いいえ**
Q4	お茶や汁物でむせることがありますか？	**いいえ・はい**
Q5	1 回 30 分以上、汗をかく運動を週 2 回以上、 1 年以上実施していますか？	**はい・いいえ**
Q6	日常生活において歩行または同等の身体活動を 1 日 1 時間以上実施していますか？	**はい・いいえ**
Q7	ほぼ同じ年齢の同性と比較して 歩く速度が速いと思いますか？	**はい・いいえ**
Q8	昨年と比べて 外出の回数が減っていますか？	**いいえ・はい**
Q9	1 日に 1 回以上は、 誰かと一緒に食事をしますか？	**はい・いいえ**
Q10	自分が活気にあふれていると思いますか？	**はい・いいえ**
Q11	何よりもまず、もの忘れが気になりますか？	**いいえ・はい**

すべての項目の回答で右に丸がつく人は要注意。
フレイル、もしくは前段階の疑いがあります。

（出典：東京大学高齢社会総合研究機構「フレイル予防ハンドブック」より）。

新聞紙体操で 鍛えられる部位

健康寿命を延ばすためにはトレーニングが重要です。ある研究では1日平均25分間程度の簡単な室内運動をしたところ、骨量の低下を防止するだけでなく増加させることがわかりました。

骨に対する負荷が大きいほど骨形成は促されますが、散歩やゲートボールのような軽い運動でも、骨密度は高くなることがわかっています。

転倒予防を目的とする新聞紙体操では、以下の5つを鍛えることができます。

「脚・足」「肩・腕」「首・肺」「手首・指」「脳」

どの運動も1～3分ほどでできるようになっています。たとえば「脚・足」と「肩・腕」の運動をひとつずつ、といった具合にバランス良く楽しみながら体と脳を鍛えましょう。

5つの力を鍛えよう

［第１章］
P28～

脚・足

数多くの骨と筋肉で構成されている足を鍛えることで、足裏のアーチを復活させ、歩行機能の向上を目指します。また、骨に刺激を与えることで骨強度が上がります。

- ⊙歩行機能の向上
- ⊙認知機能の向上
- ⊙骨強度の増加

［第２章］
P42～

肩・腕

肩や腕を伸ばして肩関節の可動域を広げることで、日常生活を送る上で重要なリーチ動作などがスムーズに。また、腕を大きく振ることができれば歩幅も広がり、歩行機能が向上します。

- ⊙肩関節機能の向上
- ⊙歩行機能の向上
- ⊙腰痛予防

首・肺

背筋を伸ばし胸郭を大きく広げることで、呼吸機能を向上させます。姿勢がよくなれば視野が広がり転倒予防に。さらに、のどを鍛えることで誤嚥を予防します。

- ⊙肩関節機能の向上
- ⊙誤嚥予防
- ⊙呼吸機能向上

［第３章］
P56～

手首・指

指先を使うことで認知機能が向上することが知られています。また、ボタンかけや食事、字を書く、といった日常生活に欠かせない指の巧緻性が向上します。

- ⊙指の巧緻性向上
- ⊙認知機能向上
- ⊙体幹強化

［第４章］
P66～

脳

考えながら体を動かすことで認知機能を向上させます。少し複雑な運動をすることで、転倒事故を未然に防ぐための反射神経を向上させます。視覚に頼りがちなバランス感覚も磨きます。

- ⊙認知機能向上
- ⊙反射神経向上
- ⊙バランス感覚向上

［第５章］
P74～

新聞棒の作り方

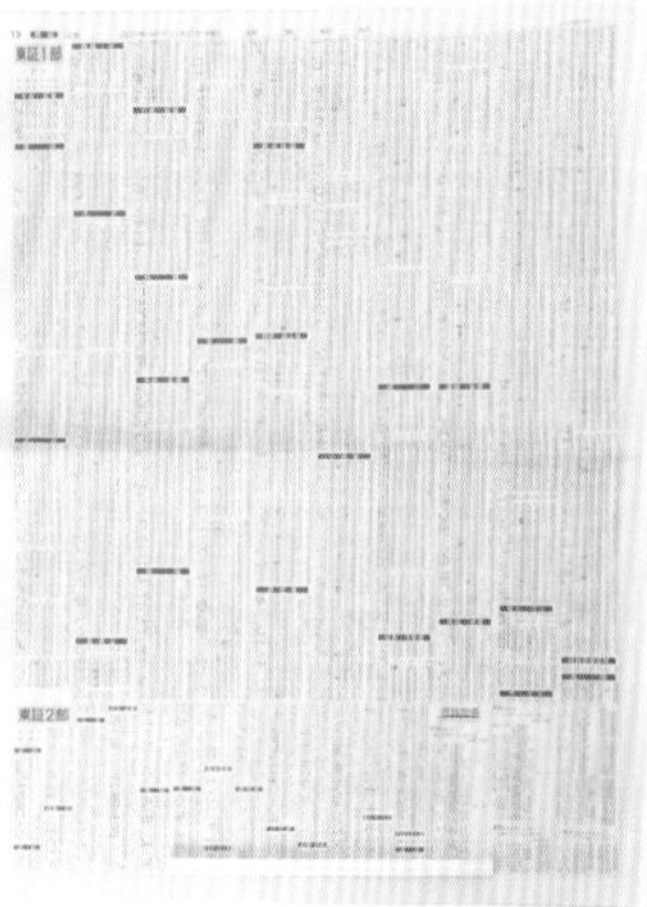

長さ約 40センチ、重さ150〜200グラムの
新聞棒を使った運動は、関節の可動域を広げ、
筋肉を効率よく伸ばすことができます。
新聞紙と割りばしとテープだけで簡単に作れるので、
時間もお金もかけず気楽にトライしてください。

❶ 用意した割りばし2膳を重ねてセロハンテープでしっかりと固定する。この際、片方のはしの先と、もう片方のはしの頭部分が重なるように注意。固定が目的なので、セロハンテープがなければガムテープでもOK。

❷ 写真のように２つ折りにした新聞紙１部のページ端の中央に、①で作った芯となる割りばしを置き、テープで固定する。

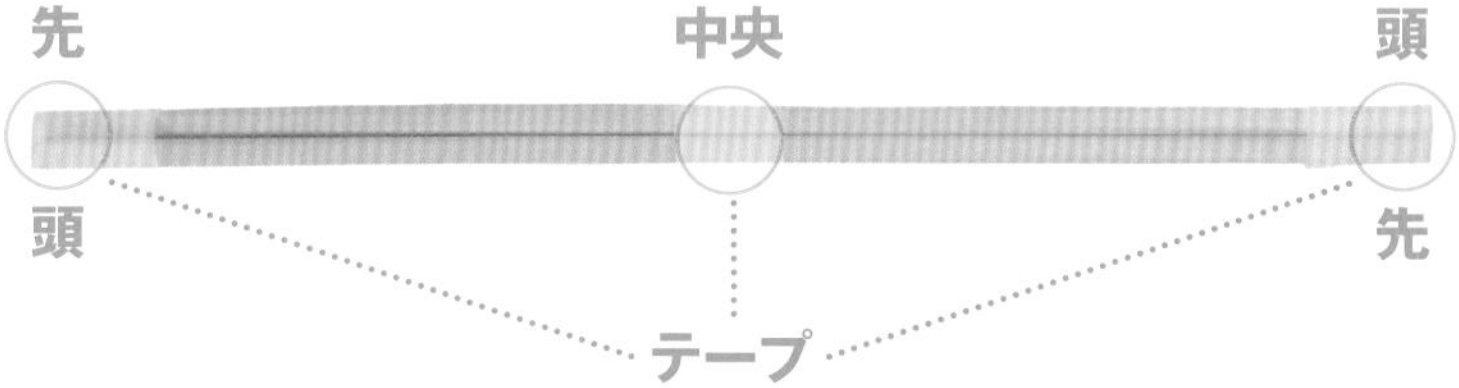

用意するもの

- 新聞紙（朝刊）……1部
- 割りばし……２膳
- セロハンテープ
- ガムテープ
- カラーテープ（あれば）

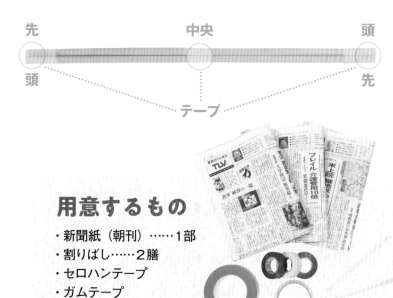

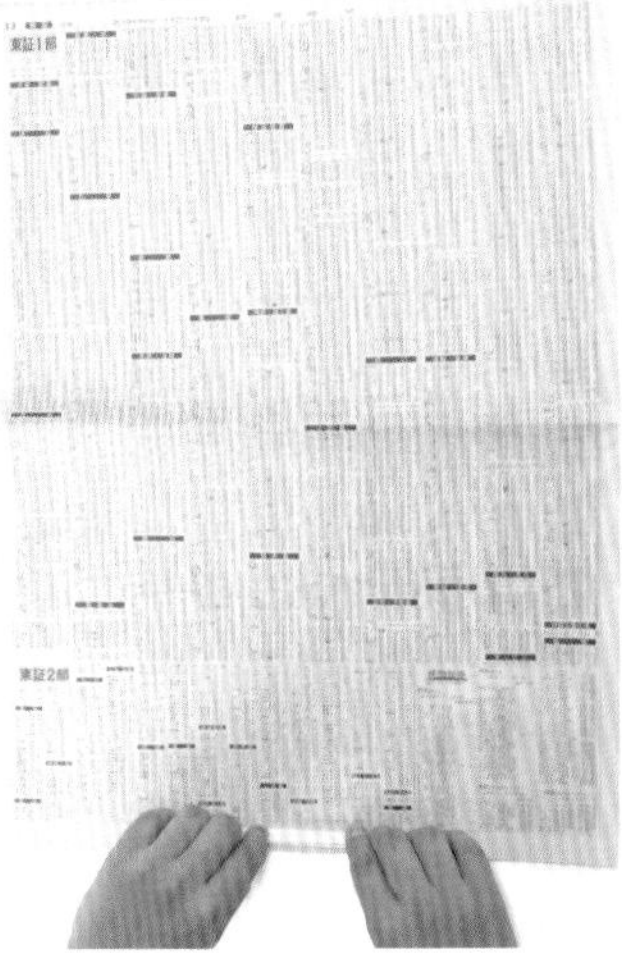

❸ 新聞紙がきれいな筒状になるよう、端から丁寧に巻いていく。

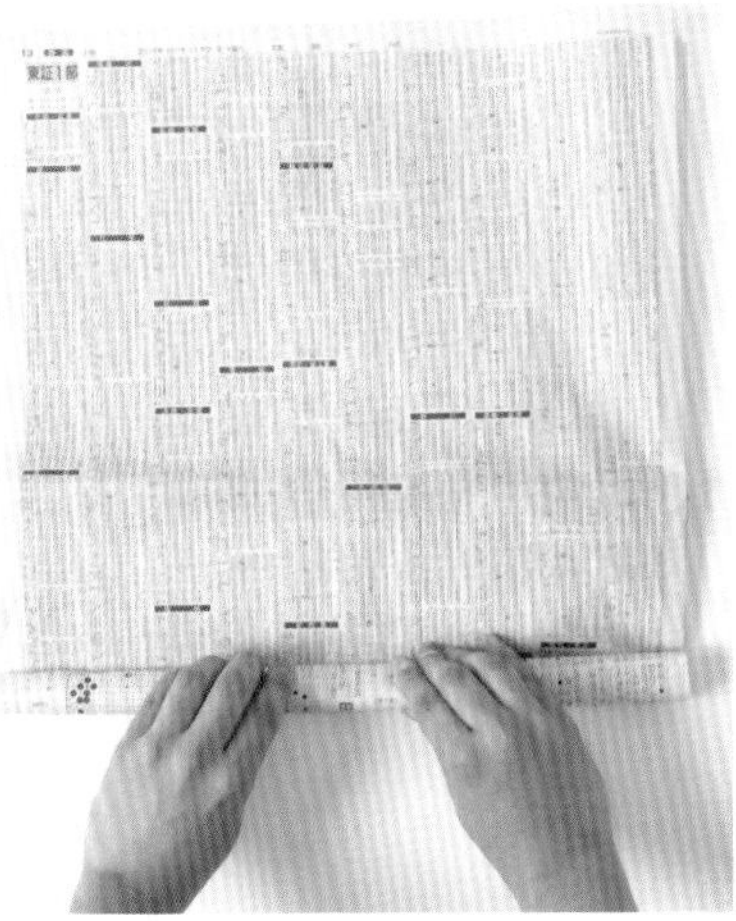

❹ ゆるまないようにきっちりと。必ずどちらかに偏りますが、できるだけまっすぐにすればOK。最後に中央、両端の３か所をガムテープなどでとめる。
※書籍内で使用する新聞棒は透明なテープを使用

❺ 新聞棒の出来上がり！

毎日使うので、くたびれてきたら新しい新聞棒を作りましょう。巻き方も少しずつ上手になるはずです。P74からの脳を鍛える体操では、３色のテープを使った新聞棒を使うと、より効果が見込まれます。

［第1章］

脚・足を伸ばそう、鍛えよう

転倒予防のため、
重点的に鍛えてほしいのが脚と足です。
太ももやすねの筋力の低下は
つまずきに直結するので、
第1章の運動は、
できれば毎日取り入れてください。

1 ジリジリ足指たぐり

2 足指でビリビリやぶり

3 ツボツボ青竹踏み

4 ドスコイ四股踏み

5 イキイキスクワット

6 グイグイつま先リフト

新聞紙体操
①-①

ジリジリ 足指たぐり

靴の中で機能が弱ってしまった現代人の足指を、
新聞紙で鍛えれば転倒予防に効果あり。

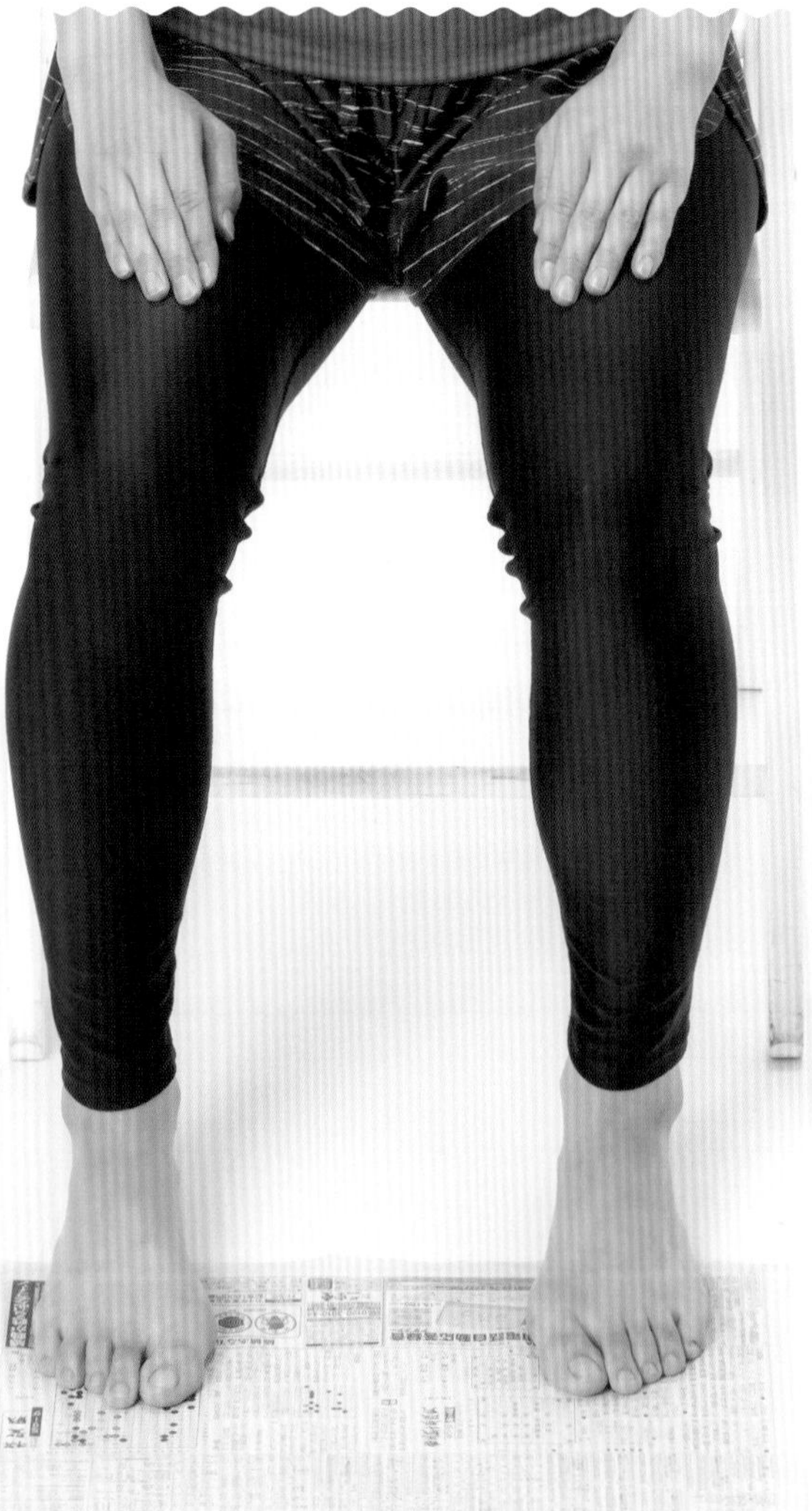

目的

靴を履く生活で足指はどんどん退化して筋肉が衰えています。特に女性は窮屈な靴を履くことが多く衰えは顕著。足の筋肉をほぐし、地面を踏みしめる力をつけます。

①

**イスに深く
腰をかけ、
広げた新聞紙に
両足をのせる。**

❶-① ジリジリ足指たぐり

1セット 1回

回数

⊙転倒防止
⊙認知機能の向上
⊙歩行機能の向上

効果

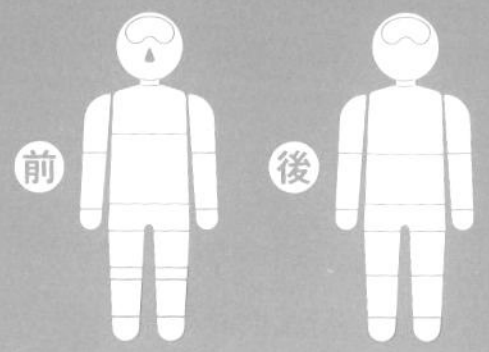

効く部位

発展型

やってみよう！

足裏丸め

球を作るときは足を地面から浮かせて構いません。足に立体的な動きをさせることで、さらに足指の機能を高めます。

② 足の指をシャクトリムシのように動かして、新聞紙をたぐり寄せる。

POINT

足指を地面から浮かせず、かかとをしっかり地面につけ、新聞紙を押さえるようにして指だけで新聞紙をたぐり寄せましょう。

新聞紙体操
❶－②

足指でビリビリやぶり

両足の指、足の裏を複雑に動かすことで
眠っていた機能がよみがえる！

目的

足の指、足の裏を使って新聞紙をやぶることで、複雑に絡んでいる足の筋肉を刺激。歩行時のバランス感覚も向上し、転倒予防になります。

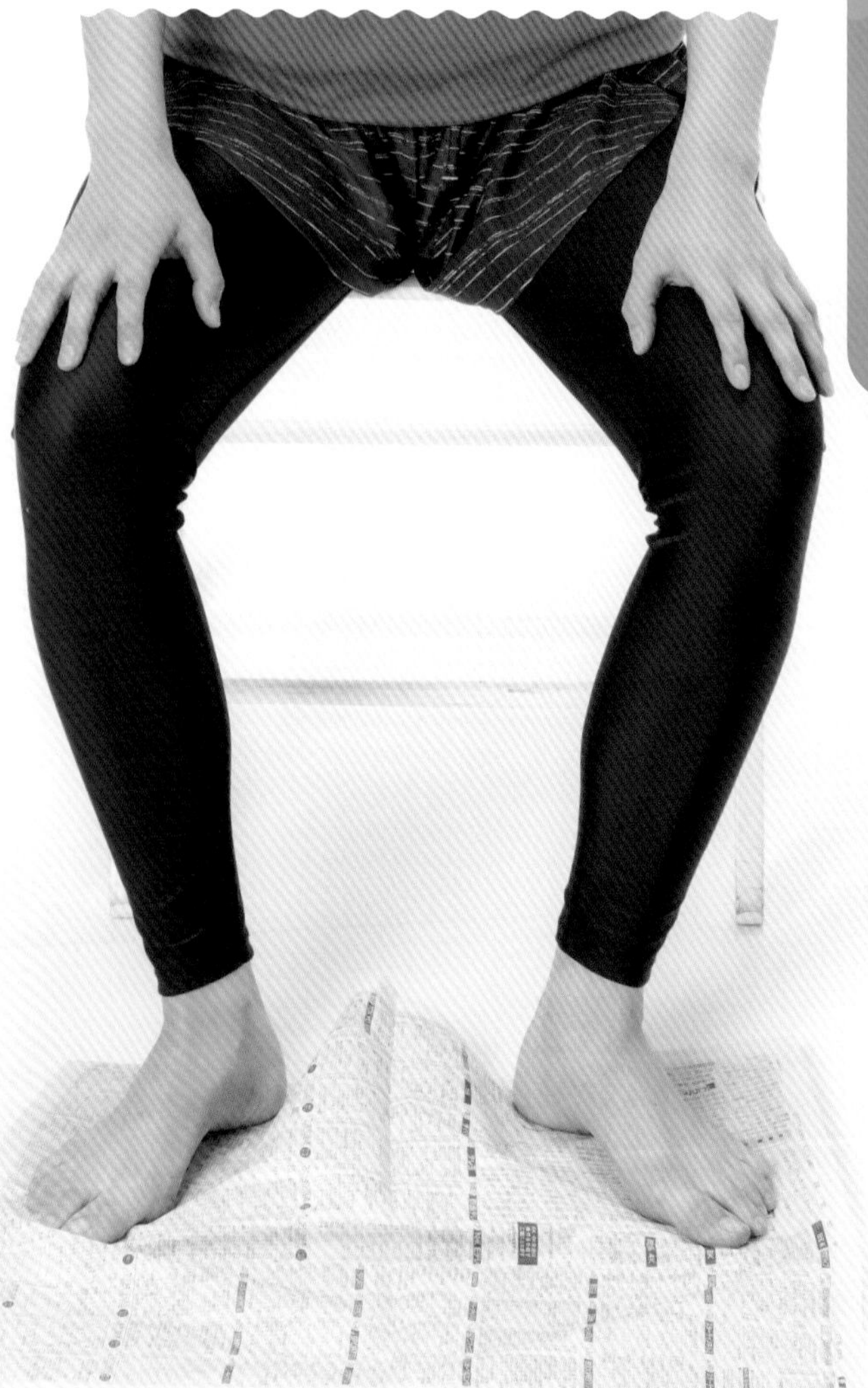

①

イスに深く
腰をかけ、
広げた
新聞紙に
両足をのせる。

❶-② 足指でビリビリやぶり

1セット **1**回

回数

◎転倒防止
◎歩行機能の向上
◎認知機能の向上

効果

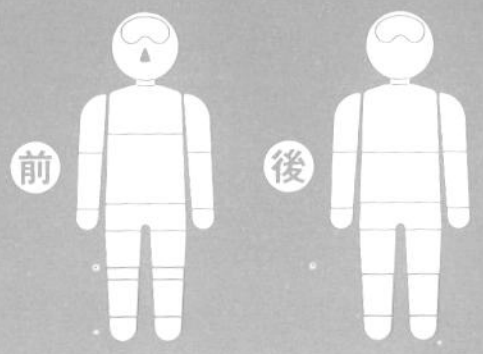

効く部位

発展型

やってみよう！

足裏たたみ

足指、足裏を上手に使って新聞紙を丁寧に折りたたみましょう。3回、4回と折りたたんでいくにつれ、だんだん難しくなっていきます。

② 足の指と足の裏を左右や前後に動かして新聞紙をやぶります。

POINT

同じ動きを繰り返しても新聞紙はやぶれません。違う方向に引っ張ったり、片方を強く押さえてもう片方を勢いよく動かしたり工夫しましょう。

新聞紙体操
①－③

ツボツボ青竹踏み

足の裏を新聞棒で刺激することで
気持ちよさと同時に認知機能も向上で一挙両得！

目的

「手を使うとボケない」といわれていますが、足を使うことでも同様の効能があることがわかっています。足裏を刺激して、全身を巡る血液量を増やしましょう。

①

イスに浅く腰をかけ、新聞棒の上に足をのせる。

❶-③ ツボツボ青竹踏み

1セット **10回**

回数

◎転倒防止
◎歩行機能の向上
◎認知機能の向上

効果

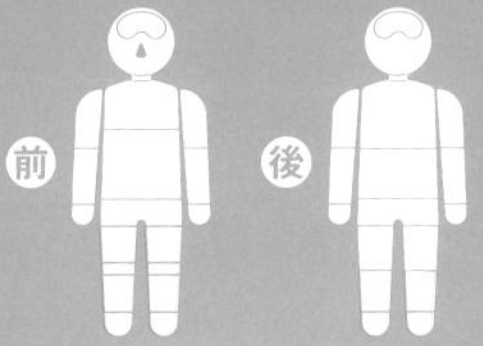

効く部位

発展型

やってみよう!

立って青竹踏み

立ち上がることで足裏への刺激は強くなり、倒れないよう全身のバランスを取ることで体幹も鍛えられます。

② **土踏まずに棒が当たるように片足ずつ勢いよく踏みつける。**

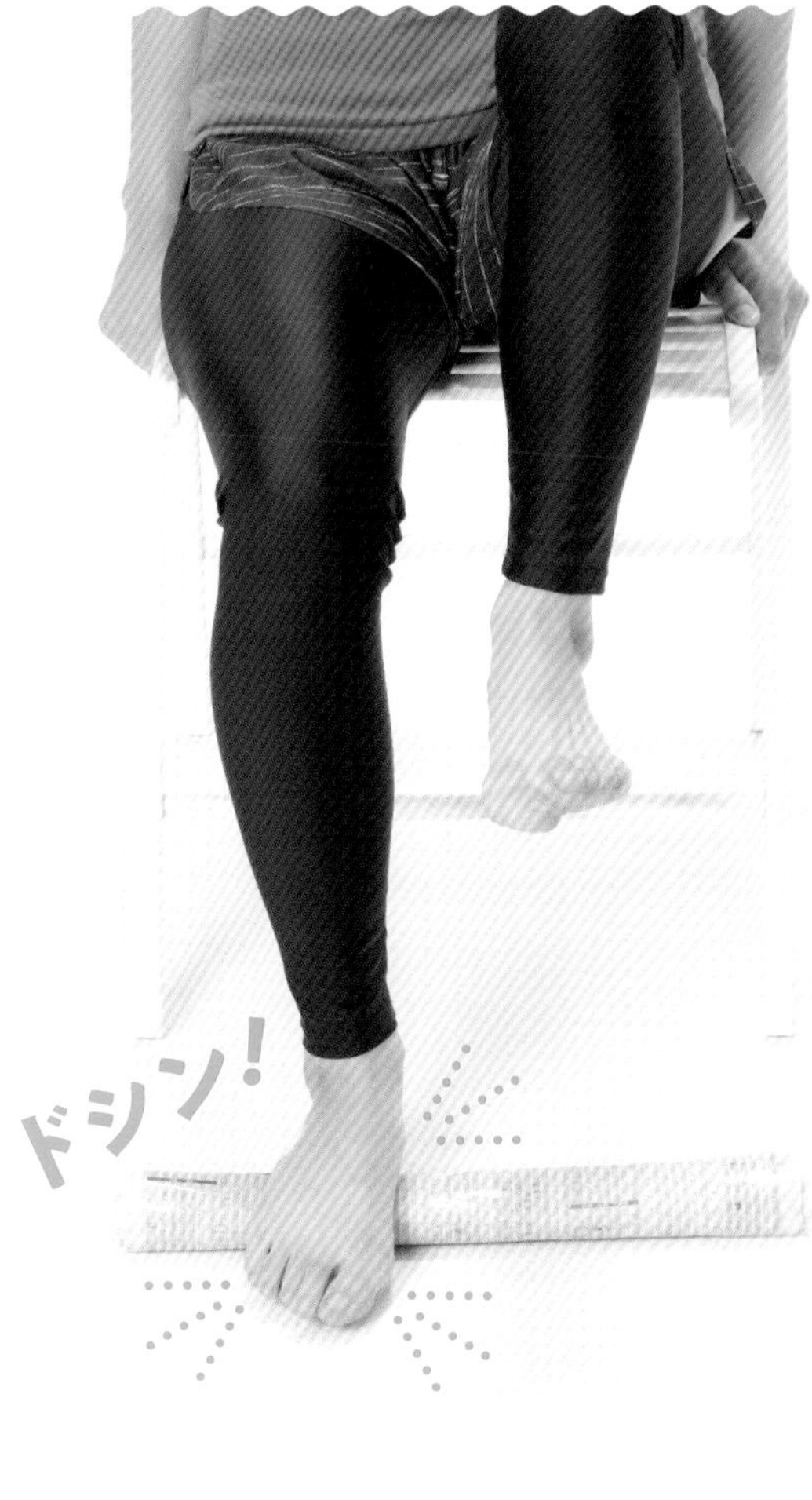

POINT

土踏まず周辺に棒が当たるように調整して、その上にのっかり刺激を与えます。気持ちいいと感じるようならOK。

新聞紙体操
①−④

ドスコイ四股踏み

相撲の動きで大腿骨を刺激。
股関節の可動域も広げて転倒予防！

①

新聞紙の縦の長さ程度に両脚を開いて中腰で立ち、両手をそれぞれ太ももにのせる。

目的

四股踏みには股関節の可動域を広げる効果があります。同時にドスンと衝撃を与えることで大腿骨を強化。骨は運動の負荷量、時間、回数に比例し強くなります。

①-④ ドスコイ四股踏み

1セット **10**回（左右で）
回数

◎転倒防止
◎歩行機能の向上
◎骨強度の増加
効果

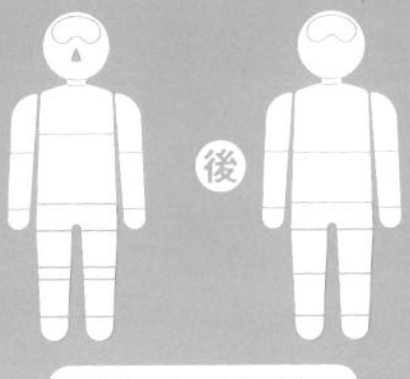

効く部位

発展型

フラミンゴ四股踏み

片脚を上げた状態を3秒キープ。同時にバランス感覚も鍛えましょう。

② 可能な範囲で片脚をゆっくり持ち上げ、その反動で地面をしっかり踏みしめる。

\ POINT /

ドスンドスンと音を立てるように四股を踏んで、**脚と股関節に強い刺激を与えると、さらに骨は強くなります。**

新聞紙体操
①−⑤

イキイキスクワット

脚と太ももを鍛えるのに有効なスクワットは
筋力アップにヒザ痛予防にといいことだらけ。

目的

自分の体重を利用して太ももを鍛えるスクワットは、特に大腿四頭筋を鍛えるのに有効です。ふともも、ふくらはぎを鍛えるのはもちろん、ヒザ痛の予防にも効果を発揮します。

①

脚を肩幅程度に開いて、体の後ろで新聞棒を両手で持つ。

できればイスは壁際などに設置し、動かないよう固定しましょう。

❶-⑤ イキイキスクワット

1セット 10回

回数

◎転倒防止
◎歩行機能の向上
◎ひざ痛予防

効果

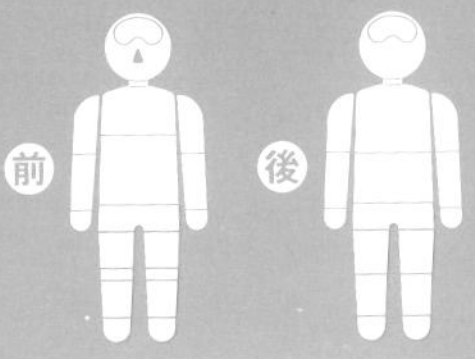

効く部位

発展型

やってみよう!

お尻タッチアンドゴー

イスにお尻がついたらすぐに立ち上がる。つくかつかないかのギリギリでスクワットを繰り返すと、より効果的。

POINT

洋式トイレに座るイメージで**お尻を突き出しゆっくり下ろし、**立ち上がる。膝頭が足の指先より前に出ないように。

②

胸を張って膝を曲げ、腰をゆっくりと下ろす。

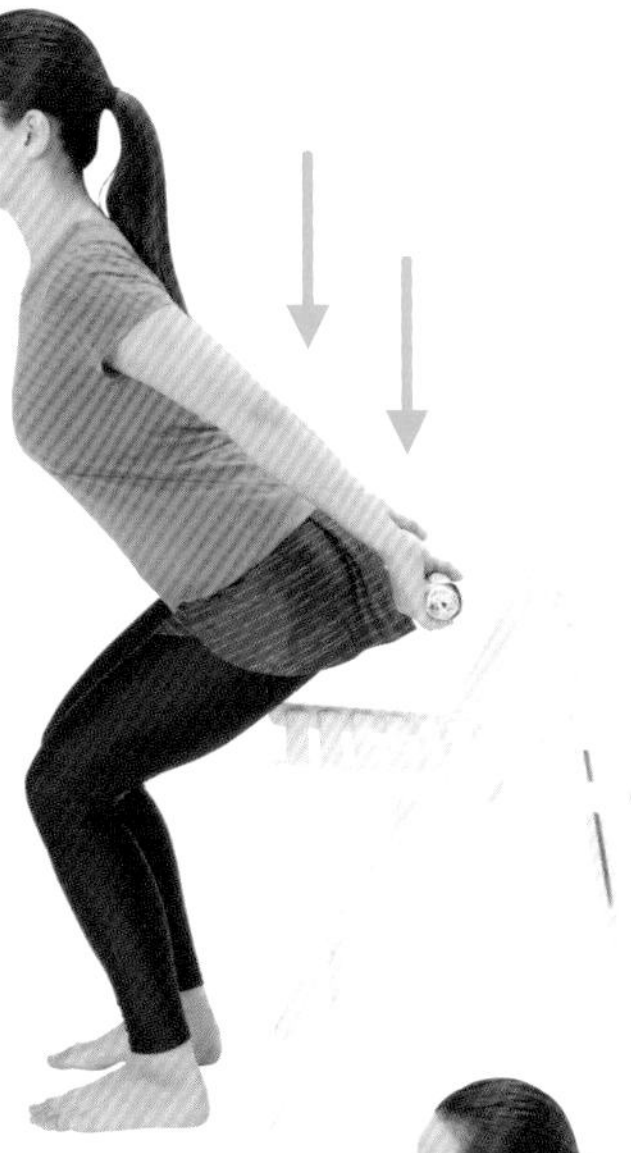

③

イスに座って1秒数えたらゆっくりと立ち上がる。

新聞紙体操 1−⑥

グィグィつま先リフト

足指の衰えは老化現象の緊急警報！
毎日できる簡単な運動で今すぐ改善を。

①

**イスに深く座り
両足の指の
付け根に
新聞棒を置く。**

目的

年をとるとすねの筋力が衰え、つま先が持ち上がらなくなった結果、段差につまずきやすくなります。放っておくと衰える一方の筋肉です。しっかり鍛えましょう。

1セット **10**回

回数

◎転倒防止
◎歩行機能の向上

効果

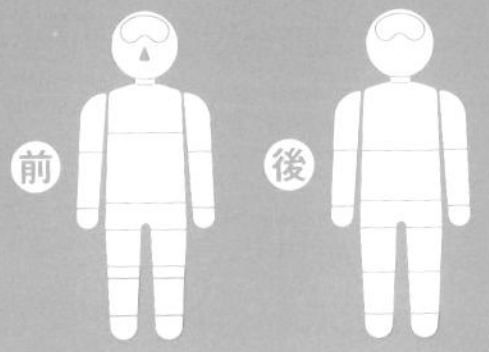

効く部位

発展型

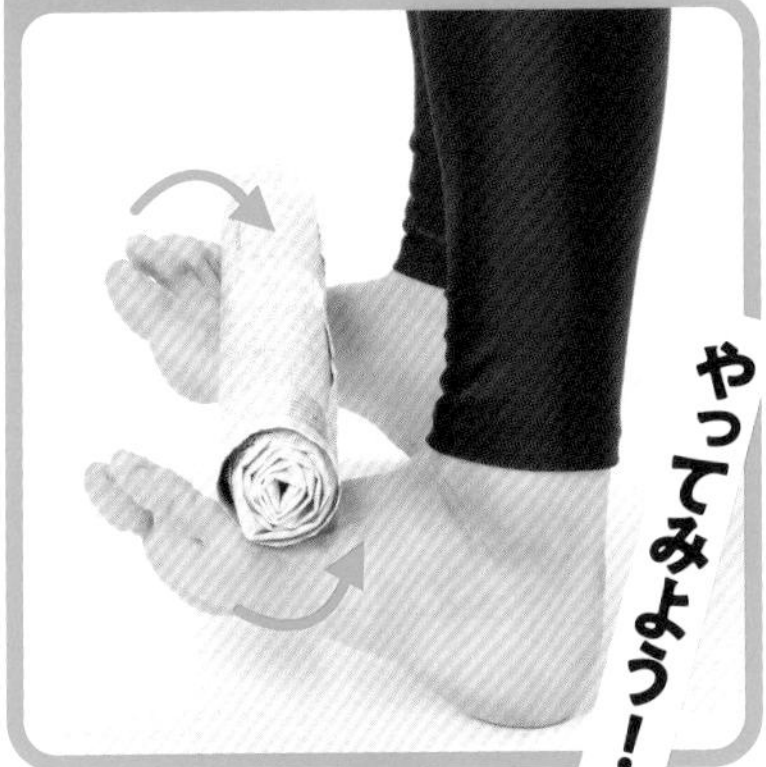

やってみよう！

小指リフト

外側の小指側を持ち上げるようにリフトし、総腓骨筋を重点的に鍛えます。内股気味でやるとうまくいきます。

② **新聞棒を落とさないように、つま先を上下させる。**

POINT

すねの筋肉を意識しながら、しっかりつま先を上げましょう。下ろす際には新聞棒が落ちないよう指先に注意。

［第2章］

肩・腕を伸ばそう、鍛えよう

腕を伸ばしたり肩を動かしたりして
肩関節の可動域が広がると、
日常生活を送る上で重要な
リーチ動作などがスムーズになります。
また、血流がよくなることで
首のコリの改善が見込めます。

1 バンザイ背伸び運動

2 バンザイ横倒し

3 グングンボート漕ぎ

4 グルグル肩ひねり

5 バックリフト

6 ブンブン素振り

新聞紙体操
②－①

バンザイ背伸び運動

**肩を大きく動かし肩甲骨と肩関節の
可動域を広げて背筋ピーン！**

目的

肩の可動域を広げて腕を振って大股で歩くと、結果的につま先が上がり転倒しづらくなります。肩を大きく動かして肩関節と肩甲骨付近の筋肉のこわばりを取りましょう。

①

**イスに深く座り、
頭の後ろで
新聞棒を持つ。**

肩に痛みを感じない
所までで OK！

❷-① バンザイ背伸び運動

1セット **10**回

回数

◎転倒防止
◎肩こり予防

効果

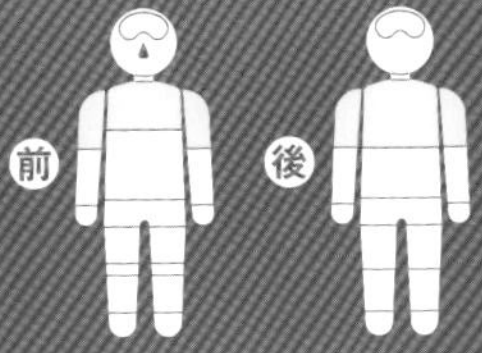

効く部位

POINT

背筋を伸ばして運動を行わないと効果減。姿勢がよくなり肩こりが治るという副次的なメリットもあります。

③ **息を吸いながらゆっくり下ろす。**

② **息を吐きながら棒を真上に持ち上げ、背筋を伸ばす。**

新聞紙体操
❷－②

バンザイ横倒し

バンザイ運動応用編。腹筋を鍛え歩行能力を改善。
さらに腰痛予防の効果あり！

目的

肩を上げたまま体を左右に動かすことで、お腹の横の筋肉（腹横筋）をストレッチ。同時に姿勢がよくなり腰痛予防にも効果があります。

①

イスに深く座り、踏ん張れるよう脚を広げ、新聞棒を両手で持ちバンザイ。

❷-②バンザイ横倒し

1セット 10回（左右で）

回数

◎転倒防止
◎歩行機能の向上
◎肩こり予防

効果

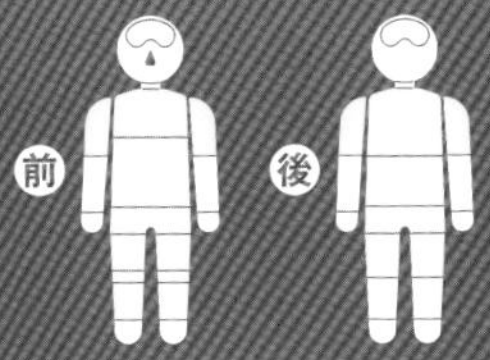

効く部位

\POINT/

脇の下の筋肉が伸びていることを意識して動かしてください。転倒に注意し無理のない範囲で行いましょう。

②

**ゆっくりと
息を吐きながら、
体を左右に曲げて
3秒ほどキープ。**

新聞紙体操
②－③

グングンボート漕ぎ

お腹周りと腰と背中、
日常生活のリーチ動作に効果を発揮。

①

**イスに深く座り、
新聞棒を両手で持ち
胸の前で構える。**

目的

物を取ったり触れたりする際のリーチ動作には体全体の筋力が必要です。ボート漕ぎの動作は単純な動きですが、肩周り、背筋、腹筋の筋力アップやストレッチ効果があります。

❷-③ グングンボート漕ぎ

1セット **10**回

回数

◎転倒防止
◎歩行機能の向上
◎腰痛予防

効果

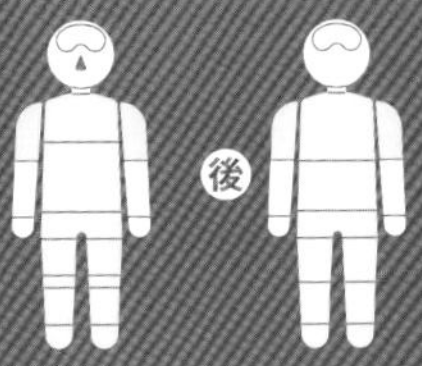

効く部位

POINT

賞状をもらうようなイメージで両手を突き出します。**腕をできる限り突き出し**ストレッチを意識しましょう。

② **ゆっくりと息を吐きながら、腕を前に突き出す。**

無理をして転ばないように！

③ **息を吸いながら、両手を水平に胸まで引きつける。**

新聞紙体操
②−④

グルグル肩ひねり

肩と上腕部の動きを滑らかにして
日常生活の動作をスムーズに。

①
**イスに座り
新聞棒を両手で
縦に持ち、
胸の前に
突き出す。**

目的

日常生活を支障なく送るためには肩関節の可動域を広くすることがとても大事です。肩関節がやわらかくなると歩きやすくなり、転倒した際にとっさに手が出て、体を守る動きにもつながります。

❷-④ グルグル肩ひねり

1セット **10**回

回数

◎肩関節機能の向上
◎歩行機能の向上

効果

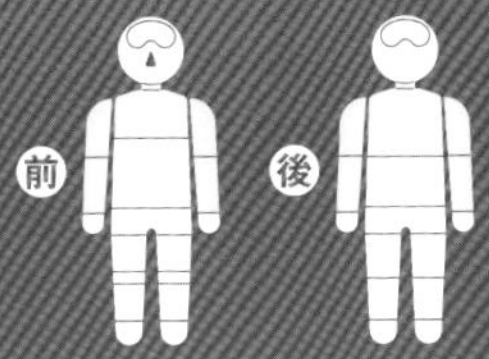

効く部位

② 新聞棒を180度回転させる。

発展型

やってみよう!

足踏み肩ひねり

バランスを取りながらその場で足踏み。転ばないよう、ゆっくりと肩をひねりましょう。

\ POINT /

船の舵のように中心を固定して回転させるイメージ。棒が垂直になるまで回しましょう。

新聞紙体操
②－⑤

バックリフト

肩関節の可動域を広げて
苦痛を感じていた日常生活を改善！

①
イスに浅く座り、
新聞棒を
体の後ろで
両手で持つ。

目的

体の後ろに手を回す結帯動作（着物の帯を結ぶ動き）がスムーズにできると、洋服の背中のファスナーが閉められないなど日常生活のストレスが減ります。

②-⑤ バックリフト

1セット **10**回
回数

⊙肩関節機能の向上
効果

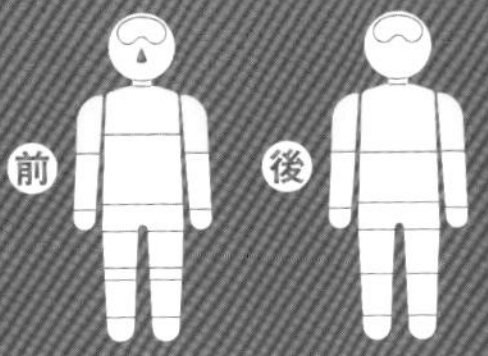

効く部位

\ POINT /

新聞棒を握る位置を変えることで肩関節の異なる筋肉を伸ばすことができます。グリップを狭くすると難易度アップ。

②
息を吸いながら新聞棒を肩甲骨まで近づける。

③
息を吐きながらゆっくりと新聞棒を下ろす。

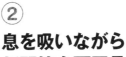

新聞紙体操
②-⑥

ブンブン素振り

ストレス発散をしながら
肩の可動域を広げ、体幹と腹筋を鍛えます。

①

新聞棒をバットに見立てて持つ。右利きならば左手を下、右手を上にして握る。

目的

体をねじる動作により腹斜筋を鍛え、さらに肩関節の動きをよくする効果があります。同時に腹直筋と体幹を鍛えることで転倒しづらくなります。

❷-⑥ ブンブン素振り

1セット 10回（左右で）

回数

◎肩関節機能の向上
◎腰痛予防
◎体幹強化

効果

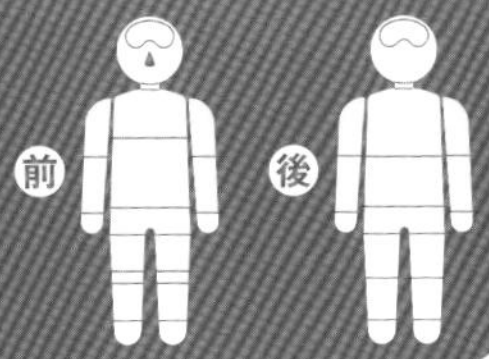

効く部位

＼POINT／

右打席、左打席と向きを換えて両方をバランスよく鍛えましょう。その際は**手のグリップの位置も入れ替えてください。**

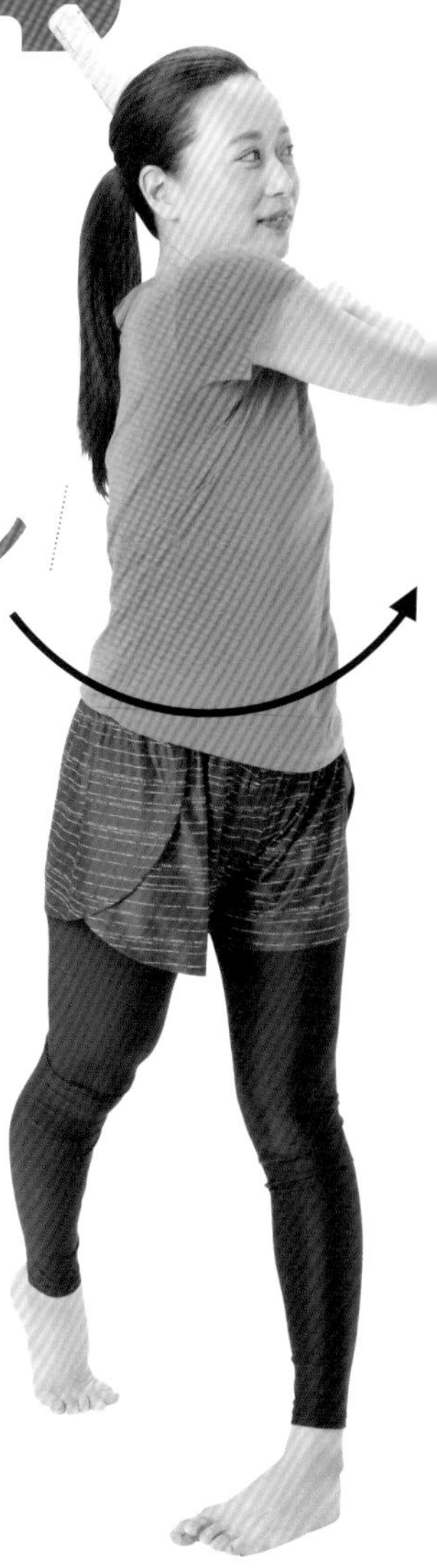

②

ボールを打つイメージで新聞棒をスイングする。

［第3章］

首・肺を鍛えよう

背筋を伸ばし胸郭を大きく広げることで、
呼吸機能を向上させます。
また、大きな声を出すことは
フレイルを予防する上でも重要です。
さらに、のどを鍛えることで
誤嚥を予防しましょう。

1 アイウエ音読

2 全力フーフー息かけ

3 スッキリ首ストレッチ

4 グイグイおでこプッシュ

新聞紙体操
③－①

アイウエ音読

いつも読んでる新聞をこんな風に活用すれば、
頭と体をずっと元気に保つことができます。

目的

新聞を空中にキープすることで、三角筋などの肩の筋肉を鍛えます。さらに声を出して読むことで肺とのどの機能を向上させましょう。

①

新聞紙を広げて両手に持ち、腕を軽く突き出す。

③-①アイウエ音読

1セット **1** 記事

回数

◎肩関節機能の向上
◎誤嚥予防

効果

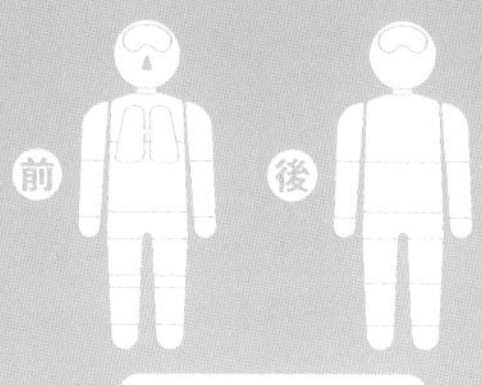

効く部位

\ **POINT** /

ひじは折り曲げて OK。**胸を張り、息を大きく吸って**肺を広げましょう。

② **深呼吸しながら記事を音読する。**

新聞紙体操
③－②

全力フーフー息かけ

声に出して読むだけでなく、
息を吹きかけ肺とのどの機能を高めます。

目的

空気を吸い込むことで、横隔膜が鍛えられます。同時にのども大きく広がり鍛えられます。酸素をたくさん含んだ血液が体を循環すると、脳と全身の臓器も活性化します。

①

**新聞紙を広げて
両手に持ち
腕を軽く突き出す。**

③-② 全力フーフー息かけ

回数	効果	効く部位
1セット 5回	◎呼吸機能向上 ◎誤嚥予防	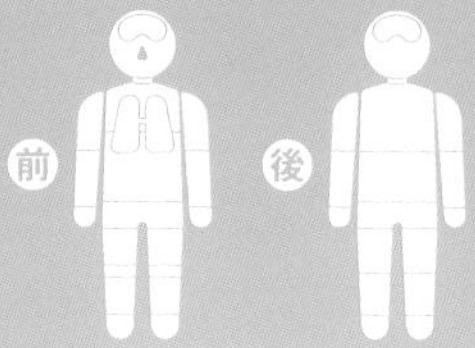

②

大きく息を3秒間吸い、新聞紙に向かって1秒間で思い切り吹きかける。

POINT

手の位置を保持することに気を取られて猫背にならないこと。**胸を広げて大きく息を吸う**ことを意識しましょう。

新聞紙体操
③-③

スッキリ首ストレッチ

首と肩の筋肉を鍛えると視野が広がり
転倒の危険性がぐっと減ります。

目的

首の筋肉の衰えからくる「首下がり症候群」を避けるため、コリをほぐしながら鍛えます。首が真っ直ぐになれば、前傾しがちな姿勢の改善にも期待が持てます。

①

**新聞紙を広げて
両手に持ち
腕を軽く突き出す。**

③-③ スッキリ首ストレッチ

1セット 3回

回数

◎姿勢改善
◎視野の拡大

効果

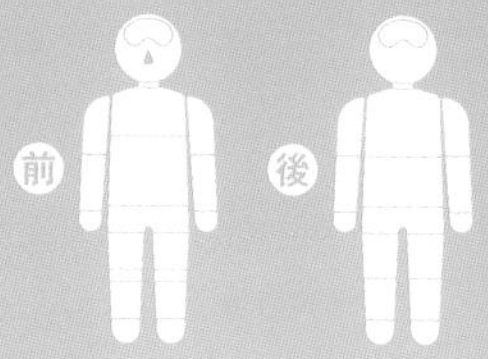

効く部位

②

**新聞紙を
少し持ち上げ、
首は30度ほど
上げる。
1記事読んだら
腕と首を下げる。**

POINT

できるだけ姿勢はよく。首を上げ過ぎないよう注意してください。

グィグィおでこプッシュ

首とのどの筋肉を鍛えることで、
「首下がり症候群」「誤嚥性肺炎」といった病気を予防。

①

**イスに深く座り
背筋を伸ばし、
新聞棒の端を
おでこにくっつけ、
ゆっくり力を入れる。**

目的

高齢者は強化しにくいと思われがちな首とのどの筋肉を簡単な動作で鍛えます。嚥下（飲み込む）機能の向上も見込めます。

❸-④ グイグイおでこプッシュ

1セット 5秒×5回

回数

◎首の筋力増強
◎誤嚥予防

効果

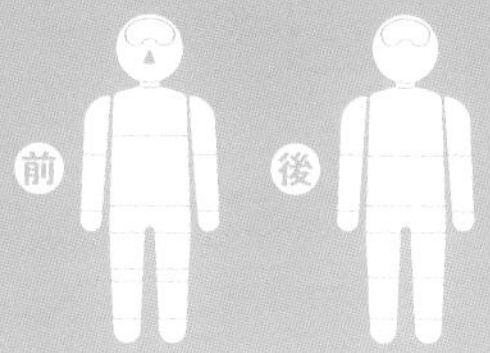

効く部位

②

新聞棒を首で押し返しながら5秒間、その姿勢をキープする。

\POINT/

力は入れ過ぎず、徐々に強めていくイメージ。首に痛みのある人は中止してください。

［第４章］

手首・指を鍛えよう

指先を使う動作で認知機能が
向上することが知られています。
また、指の巧《こう》緻《ち》性《せい》が向上すれば、
面倒になりがちな
ボタンのかけなおしもスムーズに。
さらに、手首や前腕を鍛えることで
転倒時の骨折を予防します。

1 ヒョイヒョイ指つまみ

2 手のひらバランス

3 ブンブンアクセル回し

新聞紙体操
④－①

ヒョイヒョイ指つまみ

新聞棒を両手の指先でつまみながら、
脳にも刺激を与えましょう。

目的

手先を使うことで認知機能が向上することが知られています。脳につながる神経に刺激を与えることで脳の働きを活性化させましょう。

①

イスに深く座り
背筋を伸ばし、
縦にした新聞棒の端を
両手の親指と人さし指の
腹でつまむ。

④-① ヒョイヒョイ指挟み

1セット 5往復

回数

◎認知機能向上
◎指の巧緻性向上

効果

前 後

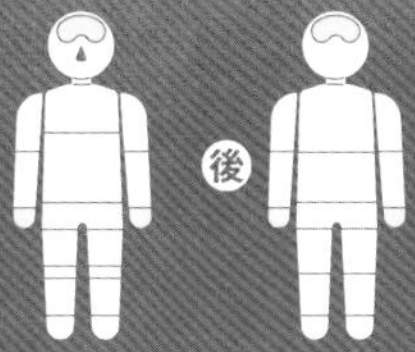

効く部位

発展型

やってみよう!

足踏み指つまみ

足踏みをしながら指つまみ。同時にふたつのことをすることで認知機能はさらに向上します。

②
指で棒に指紋をつけるように挟んで上から下まで往復する。

POINT

新聞棒を強くつまむとその分刺激が強くなります。慣れたら5本の指すべてを使うようにしましょう。

新聞紙体操
④－②

手のひらバランス

手のひらにのせた新聞棒が倒れないように。
バランス感覚と体幹を同時に鍛えます。

目的

新聞棒をのせて倒れないようにバランスをとると体幹が鍛えられます。同時に手の動きを視覚で補ってバランスを取ろうとすることで脳が刺激され、認知能力も向上します。

①

イスに深く座り背筋を伸ばし手のひらに新聞棒を縦にのせる。

④-② 手のひらバランス

1セット **3** 秒×5回

回数

◎体幹強化
◎認知機能向上

効果

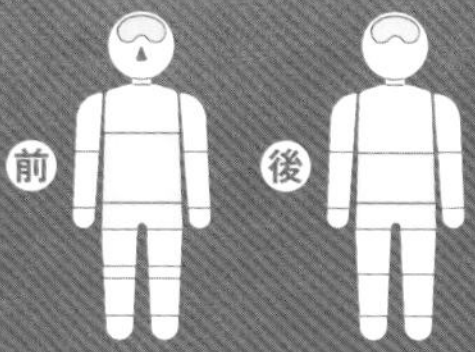

効く部位

② その状態で3秒間キープする。慣れたら時間を延ばす。

POINT

新聞棒を手のひらの中心部に据えるように。**熱中してイスから腰を浮かさないこと。倒れそうになっても無理に追いかけないこと。**

新聞紙体操
④－③

ブンブンアクセル回し

バイクのアクセルを回す要領で
手首の柔軟性を鍛えましょう。

目的

年齢とともに硬くなる手首をしなやかに強化することで、細かい動きが可能になります。転倒した際に広く手と腕で体重を受けて力を分散させることで手首の骨折を防ぐことができます。

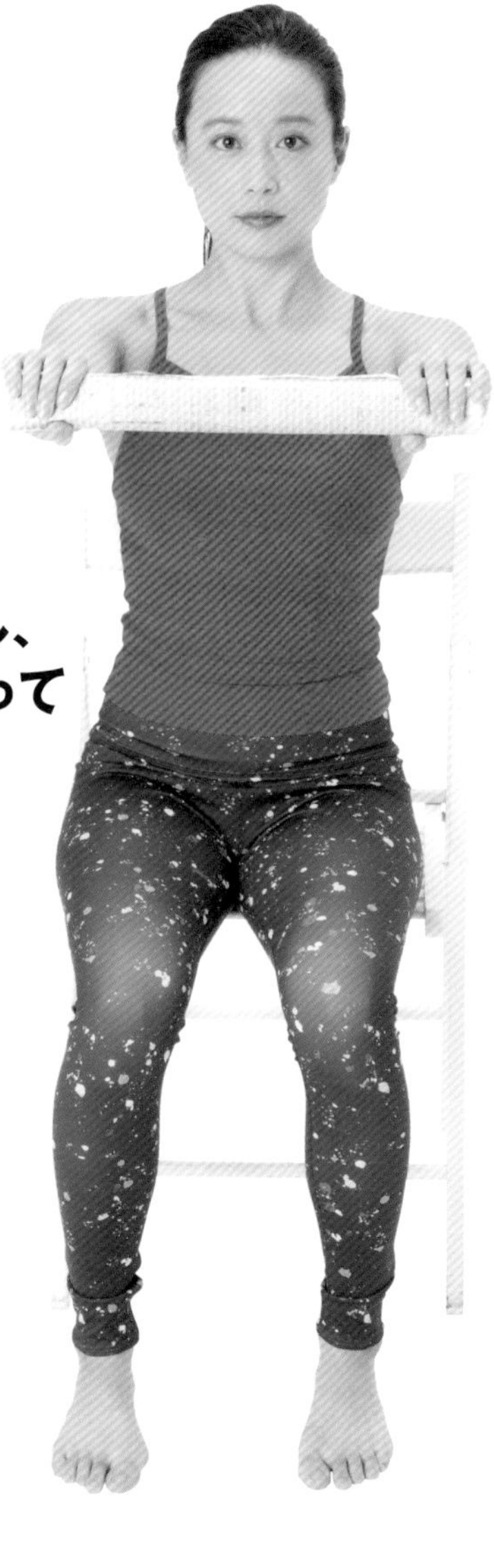

①
イスに浅く座り
背筋とひじを伸ばし、
新聞棒の両端を持って
前に突き出す。

④-③ ブンブンアクセル回し

1セット **20**回（左右で）
回数

◎手首強化
◎骨折予防
効果

前 後
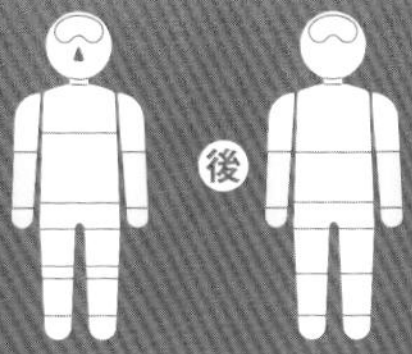
効く部位

② 右→左、右→左の要領でクルクルと手首を手の甲の方に回したり、手首の方に回転させる。

POINT

腕を固定して手首だけを細かく動かすように意識しましょう。棒をグリップする際は肩幅程度で、力強くしっかりと握ると効果的。

［第5章］

脳を鍛えよう

考えながら体を動かすことで
認知機能は向上します。
少し複雑な運動は、
転倒事故を未然に防ぐための
反射神経も鍛えてくれます。
さらに視覚に頼っている
バランス感覚も磨きましょう。

1 新聞棒キャッチ

2 パンパン拍手キャッチ

3 パタンと股キャッチ

新聞紙体操
5-①

新聞棒キャッチ

ゲーム感覚でバランスと柔軟性を鍛え、
視覚と認知機能を同時に刺激します。

目的

新聞棒を投げてそれをキャッチすることで、筋力、柔軟性、平衡感覚、反射神経を鍛え、さらに認知機能の向上も図ります。

①

イスに浅く座り背筋を伸ばし、棒が回転しないように片手で真上に投げる。

P27で作ったカラーテープの新聞棒がオススメ。

⑤-① 新聞棒キャッチ

1セット 5回

回数

⊙認知機能向上
⊙反射神経向上
⊙バランス感覚向上

効果

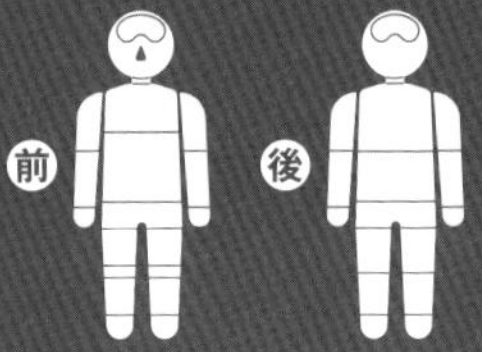

効く部位

発展型

色指定キャッチ

棒の端と真ん中にそれぞれ赤青黄などの色テープを貼り、自分で指定した色をキャッチしましょう。

② 棒をしっかりと片手でキャッチする。

POINT

棒を投げる際は**目だけで追わず、首や体を使って棒を見る**ことを意識。首を傾けて上を見るようにしましょう。

新聞紙体操
❺－②

パンパン拍手キャッチ

「真上に投げる」と「キャッチする」の間に
「拍手」を入れて難易度アップ。

目的

棒を投げる動作の間に、もうひとつ動きを挿入することで、視覚とバランス感覚、さらに認知機能の向上を図ります。脳もフル回転させましょう。

①

イスに浅く座り
背筋を伸ばし、
新聞棒が
回転しないように
片手で真上に投げる。

❺-② パンパン拍手キャッチ

1セット 5回

回数

◎認知機能向上
◎反射神経向上

効果

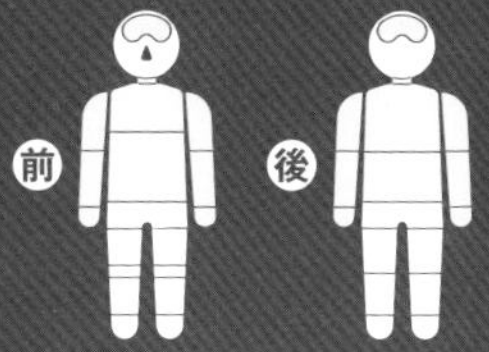

効く部位

② 新聞棒が
落ちてくる前に
1回手を叩く。

③ 新聞棒を
しっかりと
両手でキャッチ
する。

POINT

どのくらいの高さで投げれば間に合うか、調整しながら慌てずにキャッチしましょう。

新聞紙体操
❺-③

パタンと股キャッチ

足の動きを組み合わせ瞬発力を鍛えて
股関節の動きを滑らかにします。

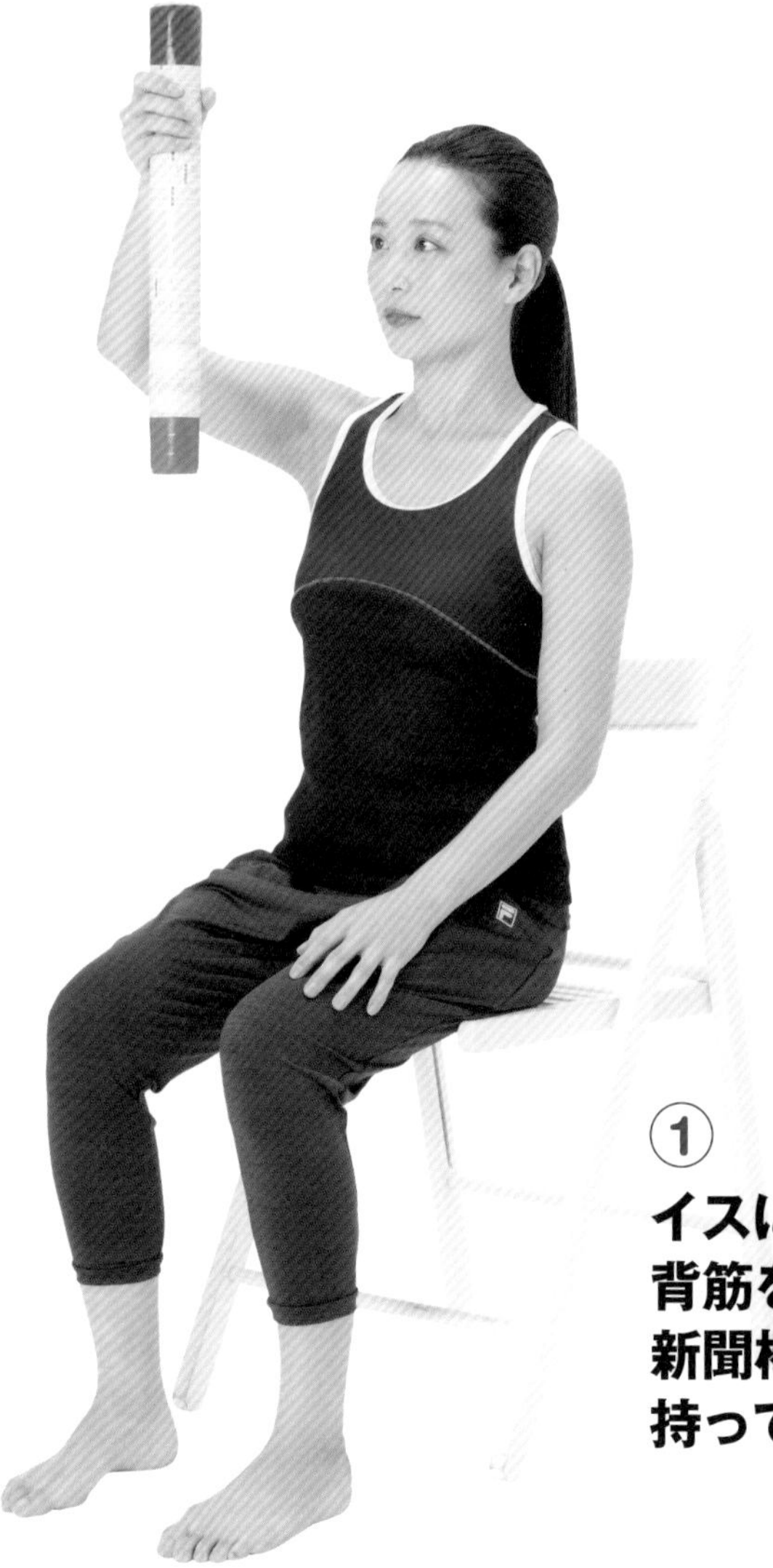

目的

落下する新聞棒を太ももで挟むようにキャッチすることで、視覚能力と同時に反射神経を鍛え、思い通りに体を動かす能力を伸ばしましょう。

①

イスに浅く座り
背筋を伸ばし、
新聞棒を縦に
持って腕を伸ばす。

⑤-③ パタンと股キャッチ

1セット 5回

回数

◎バランス感覚向上
◎反射神経向上
◎股関節の動きを滑らかに

効果

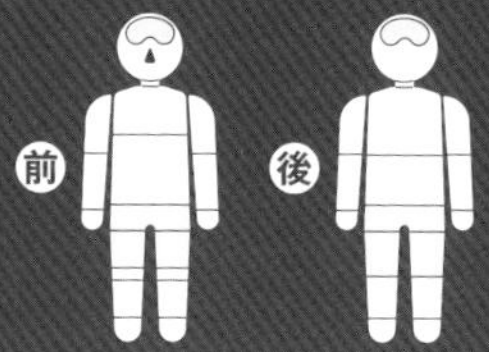

効く部位

POINT

太ももだけを動かすよう新聞棒をキャッチすると、股関節の動きを強く意識することができます。

② 手を離し、
真っ直ぐに新聞棒を落とす

③ 落下する新聞棒を
太ももで挟んでキャッチします。

［第6章］

ペアで楽しく鍛えよう

ペアで声をかけ合いながら行う運動は、
筋力面だけでなく精神面においても
いい影響を与えてくれます。
人とのつながりを大事にしながら、
楽しく体を動かしましょう。

1 新聞棒ネジネジ渡し

2 対面棒キャッチ

3 足指たたみ競争

4 足指やぶり競争

新聞紙体操
⑥−①

新聞棒ネジネジ渡し

体にひねりを加えた体操で
楽しみながら体幹と腹斜筋を鍛える。

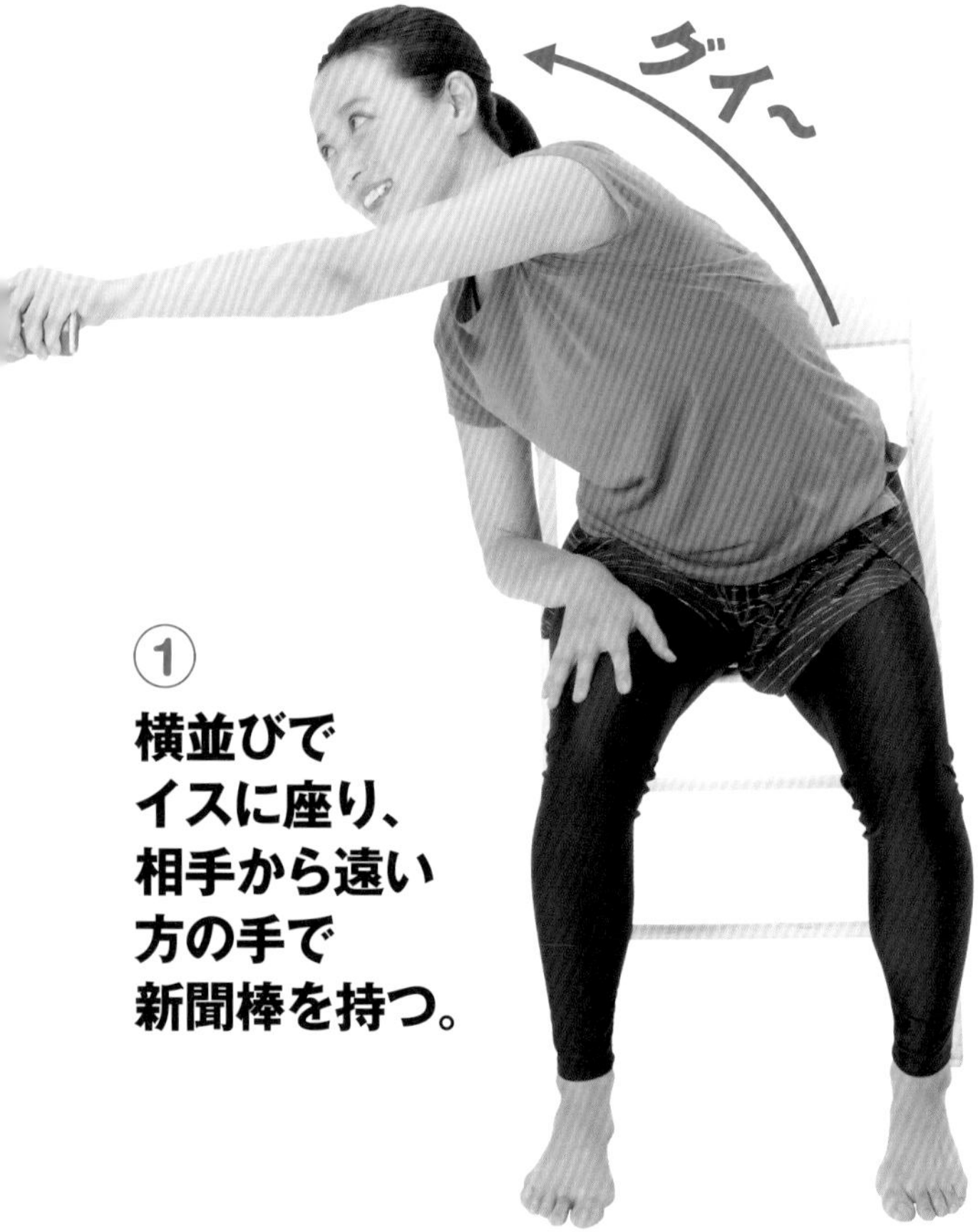

目的

新聞棒を相手に渡すために体をひねる動作は腹斜筋のストレッチ効果があり、日常生活を支障なく送るために必要な筋力を維持するトレーニングになります。さらに腰痛の改善も期待できます。相手とコミュニケーションをとることで認知機能の向上も図ります。

①

横並びで
イスに座り、
相手から遠い
方の手で
新聞棒を持つ。

❻-① 新聞棒ネジネジ渡し

1セット 10回（2人で）

回数

- ◎腰回りの筋力向上
- ◎腰痛改善
- ◎認知機能の向上

効果

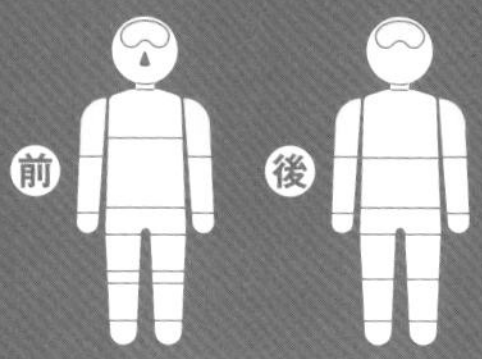

効く部位

POINT

相手と会話をしながら息を合わせて、外側の手で受け取ります。体をひねる際は、筋肉と筋が伸びていることを意識してください。

②

大きく腰を回転させるようにして隣の相手に新聞棒を手渡す。

1セット終わったら、互いの位置を入れ替えて左右の筋肉を鍛えましょう。

新聞紙体操
❻－②

対面棒キャッチ

新聞棒を投げる動きに遊びの要素を加えて、
脳と体にいい刺激を与える。

①

**向かい合ってイスに座り、
新聞棒が回転しないよう
山なりに片手で投げる。**

目的

向かい合った相手に新聞棒を投げ、受け取ることで、反射神経を鍛えます。相手にちょうど届くように投げるようコミュニケーションをとりながら運動をすることで、認知機能も向上します。

お手数ですが
切手を
お貼りください

郵便はがき

1 5 0 - 8 4 8 2

東京都渋谷区恵比寿4-4-9
えびす大黒ビル
ワニブックス 書籍編集部

お買い求めいただいた本のタイトル

本書をお買い上げいただきまして、誠にありがとうございます。
本アンケートにお答えいただけたら幸いです。
ご返信いただいた方の中から、
抽選で毎月5名様に図書カード（1000円分）をプレゼントします。

ご住所 〒

TEL（ - - ）

（ふりがな）
お名前

ご職業

年齢 歳

性別 男・女

いただいたご感想を、新聞広告などに匿名で
使用してもよろしいですか？ （はい・いいえ）

※ご記入いただいた「個人情報」は、許可なく他の目的で使用することはありません。
※いただいたご感想は、一部内容を改変させていただく可能性があります。

●この本をどこでお知りになりましたか?(複数回答可)

1. 書店で実物を見て　　2. 知人にすすめられて
3. テレビで観た(番組名：　　　　　　　　　　　　)
4. ラジオで聴いた(番組名：　　　　　　　　　　　　)
5. 新聞・雑誌の書評や記事(紙・誌名：　　　　　　　　　　　　)
6. インターネットで(具体的に：　　　　　　　　　　　　)
7. 新聞広告(　　　　新聞)　8. その他(　　　　　　　　)

●購入された動機は何ですか?(複数回答可)

1. タイトルにひかれた　　2. テーマに興味をもった
3. 装丁・デザインにひかれた　　4. 広告や書評にひかれた
5. その他(　　　　　　　　　　　　)

●この本で特に良かったページはありますか?

[　　　　　　　　　　　　]

●最近気になる人や話題はありますか?

[　　　　　　　　　　　　]

●この本についてのご意見・ご感想をお書きください。

[　　　　　　　　　　　　]

以上となります。ご協力ありがとうございました。

❻-② 対面棒キャッチ

1セット 10回（2人で）
回数

◎反射神経の向上
◎バランス感覚の向上
◎認知機能の向上
効果

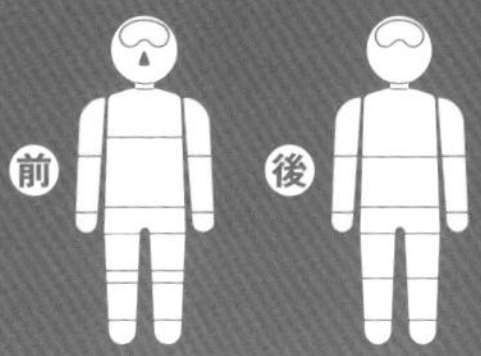

効く部位

＼POINT／

相手の動きと新聞棒をしっかり見ること。コミュニケーションをとりながら相手と息を合わせましょう。最初は両手で、慣れたら片手でキャッチしましょう。

②

キャッチしたら、相手に投げ返す。これを繰り返す。

新聞紙体操
⑥-③

足指たたみ競争

足で新聞紙をたたむ単純な動作も
相手と競えばエキサイティング！

① 隣り同士でイスに座り、
足元に新聞紙を用意する。

目的

足指の機能向上はもちろん、相手と競争をすることで、知恵とエネルギーを使い脳が活性化します。

❻-③ 足指たたみ競争

1セット **1回** (2人で)

回数

- 転倒防止
- 認知機能の向上
- 歩行機能の向上

効果

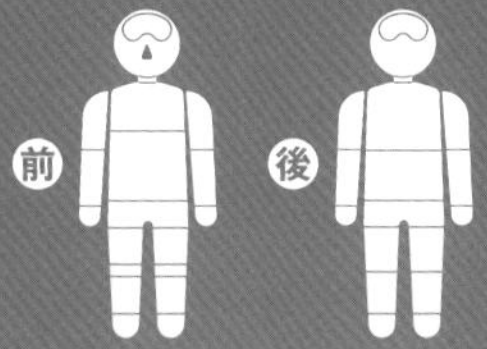

効く部位

POINT

速さはもちろん、どこまで細かく折り畳めるか、あるいは折り目の美しさを競ってもいいでしょう。

② 新聞紙をパタパタと半分に折っていく。

新聞紙体操
⑥－④

足指やぶり競争

単調な運動は退屈ですが、
２人で競いながらやれば楽しく続けられます。

目的

P32の体操で相手と競います。たたみ競争とは違って、やぶるために必要な大きな動きと、ビリビリという音で爽快感を味わうこともできます。

①

隣り同士でイスに座り、足元に新聞紙を用意する。

❻-④ 足指やぶり競争

1セット **1**回（2人で）

回数

◎転倒防止
◎認知機能の向上
◎歩行機能の向上

効果

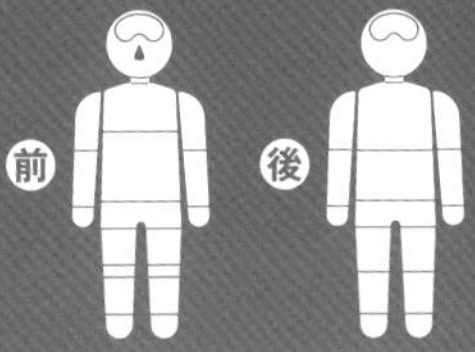

効く部位

\POINT/

相手よりも細かくやぶったり、より大きな音を立てたり、相手の存在を常に意識しながら、競い合いましょう。

②

新聞紙をビリビリと細かくやぶる。

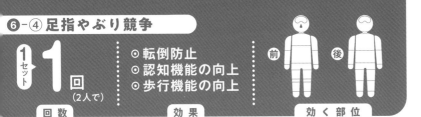

「第7章」

転倒リスクを回避する

高齢者の骨折は骨がもろいことと
足腰のバランスを崩して
転倒することが原因です。
身の回りにあるつまずきや
転倒のシチュエーションを知り、
リスクを回避して、
健康寿命を伸ばしましょう。

骨がもろくなるメカニズム

高齢者が転倒すると、なぜ骨折するのでしょうか。

一番の原因は骨がもろくなっているからです。高齢になって食事量や運動量が減少すると、骨を作ったり、強くしたりすることが簡単にできなくなるのです。

108ページでも説明しますが、私たちの体の中では破骨細胞が骨を壊し、骨芽細胞が新しく骨を作る、というサイクルが繰り返されています。

若い頃はこのふたつの細胞がバランスよく働き、硬い骨を維持しています。しかし、高齢になってケアを怠ると、骨を構成しているカルシウムやミネラル、たんぱく質、リン酸といった成分が減少していくのです。

血液中のカルシウムが足りなくなると、私達の体は不足している分を骨に貯蔵されていたカルシウムから補います。

加齢とともに減少する骨のカルシウム量は最終的に最大時の2割から3割以上に

も及び、骨の構造も弱くなります。

特に中年以降は破骨細胞の働きを抑える女性ホルモンの分泌量が減るため、さらにもろくなってしまうのです。

転倒の原因は筋力の低下

高齢者の骨折は足腰のバランスを崩して転倒し、体を強く打ちつけることが直接的な原因となって生じます。

年齢を重ねると体の機能はどんどん低下していきますよね。体の動きを支える筋肉はどんどん衰えていきますが、なかでも**「瞬発力を持つ筋力」の衰えはより顕著です。**

瞬発的な筋力は、なにも走ったり重いものを持つときにだけ使うわけではありません。

何かにつまずいたとき、脚に「ぐっ」と力を入れて踏ん張ったり、転んでしまったときに「さっ」と手をついたり、階段で滑って瞬時に手すりに「ぐい」っとつかまって地面に体を打ちつけないように反応する際に瞬発力を持つ筋肉が働きます。

高齢者の場合、何かにつまずいたときに、瞬時に反応する反射神経が鈍り、転ばないように踏ん張るための筋力も低下。さらに、骨自体がもろくなっていることも併せて、たとえ小さな段差であってもつまずいて転倒しやすく、骨折に至るのです。

転倒で寝たきりにならないために

若い頃なら少しくらいけがをしたり病気にかかったりしても、それなりの期間を安静にしていれば大抵は治ったもの。しかし、高齢者にとって過度の安静は、筋力や身体機能の衰え・低下を招き、症状を悪化させる要因にもなります。

なかでも転倒が原因で起こりやすい大腿骨の骨折は、再び歩けるようになるまでに時間がかかるため、そのまま寝たきりになることも少なくありません。

骨折やけががなかったとしても、転倒により運動能力に自信を失ったり、動くことに対し恐怖心を持ってしまうと、体を動かさなくなり、筋力がさらに衰えて、身体機能のさらなる低下を招くのです。これを転倒後症候群と言います。

このような状態が続いた場合、**廃用《はいよう》症候群**になってしまうことも考えられます。廃用症候群とは、過度に安静にすることによって起こる身体と内臓機能の低下です。最悪の場合、ベッドから起きあがることもできず、他人の介護を受ける状態に至ります。廃用症候群については最近では広く知られてきましたが、今、元気に歩いている多くの高齢者が廃用症候群の予備軍にならないよう、医療は心がけています。

転倒から寝たきりという負のスパイラルを断ち切りたい。新聞紙体操にはそんな思いを込めているのです。

骨折が招く引きこもりを防ぐ

大腿骨《だいたいこつ》、特に太ももの付け根、骨盤と接している部位（大腿骨頸《けい》部）を骨折すると、手術とリハビリを行う必要があります。

手術とリハビリは通常2カ月近くを要しますが、その間に体の機能が低下する廃用症候群になると、新たな病気を発症するリスクが高くなってしまうのです。

筋力が低下しているため、骨折が治ったとしても自力歩行が困難になりそのまま寝たきりになるケースもあります。

鍛えぬかれた**宇宙飛行士さえ無重力状態から地球に帰還したら筋力が低下してまともに歩けなくなっている**ことからもわかるように、筋肉は使わないとあっという間に衰えてしまうのです。

新聞紙体操を始めとする毎日の運動は筋肉とともに骨も鍛えています。欠かさず続けていただきたいと思っています。

万が一骨折した場合は、術後すぐにリハビリ（歩行訓練）を開始してください。

筋肉を意識的に動かすことで、回復までの期間を少しでも早めましょう。筋力が低下していると歩く際に体力を消耗しますので、食事をきちんと取り、体力の回復に努めることも重要です。

骨折後にどうリハビリに取り組むかで、その後も健康的に日常生活を送れるかどうかが決まるのです。

転倒が多い場所を知る

皆さんは知っていますか？　**高齢者のつまずき、転倒事故の多くが自宅で発生している**ことを。東京消防庁の「救急搬送データからみる　日常生活事故の実態」（平成29年）によると、約6割以上の事故が、居住場所で起きているのです。

実際、転倒の多くは室内で起こっています。中でも「リビング」「玄関」「階段」「寝室」で多く発生します。

屋外よりも圧倒的に発生件数が多いということは、高齢者にとっては「安全」なはずの室内にも危険が潜んでいるということですね。

身体機能の低下によってつま先が上に上がらず「すり足」で歩きがちな高齢者は、カーペットや敷居といった、わずか数センチの段差でも足を取られて転倒してしまいます。

日常的に生活を送るリビングでさえ、フローリングで足を滑らせることもあります。室内全体に注意が必要なのです。

新聞紙体操で鍛えるのはもちろん、足を踏み外しやすい階段や玄関、浴室には手すりを取り付けるなどして転倒予防をしましょう。滑りやすいくつ下を履くのはもってのほか。気をつけてください。

「自分はまだまだ大丈夫」ではなく、「万が一」を想定して、備えあれば憂いなしを実践しましょう。

段差などの外的要因を排除する

自宅内には転倒につながる要因が多く潜んでいますが、室内のわずかな段差が大きな怪我の原因となることは改めて認識してください。**歩幅が小さくつま先が上がらない高齢者は、若い人なら段差と認識しない程度のちょっとした敷居でもつまずいてしまいます。**

転倒の要因となる段差については室内用スロープなどを設置してリスクを減らすことをお勧めすると同時に、新聞紙体操で体を鍛えることを強く意識して習慣づければ、回避できる可能性も高まります。

他にも、ベッドから降りるとき高さに不安はないか、室内が薄暗い場合はすぐに電気をつけられるか、普段から使っているイスは安定しているか、玄関マットは滑らないか、浴室の手すりはきちんと固定されているか……自宅にひそむ転倒リスクを徹底的にチェックしてください。

介護用品や介護リフォームも活用し、「万が一」に対応できる環境を整備して転倒リスクをどんどん排除しましょう。

内的要因も同時に減らす

服用している薬の副作用によるふらつき、日中の眠気、立ち上がった時のめまいなども転倒の原因となります。

このような「内的要因」と、段差などの「外的要因」が合わさることでより転倒リスクは高まってしまうのです。

内的要因を減らすにはきちんとした睡眠と、体調の管理。そして、きちんとした食事を摂ることが重要です。

改めて身近な危険を認識する

転倒のリスクを減らすためには、本人が転倒しないように普段から心がけたり、トレーニングすることも大切ですが、一緒に暮らす家族の協力も仰げると心強いですね。

何気ない日常生活の中に転倒のリスクがあることを、改めて肝に銘じてください。

最後に、あなたの一日を思い出してください。日常的な行動の中にいくつの転倒リスクが潜んでいるか再確認し、意識することでリスクはかなり軽減させることが可能です。

ベッド
イス
トイレ
横断歩道
駅
歩道橋
スーパー
図書館

朝起きてベッドから起き上がる、室内を移動する、ドアを開ける、一戸建てに住んでいるなら階段を降りる、トイレの便座に座る、テーブルに着く……など。考え付く限り室内のリスクを頭に入れて、その危機を回避しましょう。

また、同時にふたつのことを処理する能力も落ちるため、電話で話しながら家の中を歩いたり、テレビを見ながら探し物をしたりといった行為も、できるだけ避けてください。

［第７章］転倒リスクを回避する

[第8章]
骨と筋肉を強くする食事術

転倒を予防する筋肉増強と骨の強化は、
運動はもちろん、毎日の食事も
重要な要素となっています。
たんぱく質、カルシウム、ビタミンを
バランスよく摂ることにも心がけましょう。

骨の老化予防はカルシウムの摂取から！

加齢で衰えた筋肉や骨の強さはもう戻らないと考えている方も多いようですが、骨を丈夫にすることも筋肉を鍛えて強化することも可能です。

この章では、食事を通して体を強くする「食べる」トレーニングについて触れていきたいと思います。

まずは骨についてのおさらいです。私たちの体の中で骨は常に新しく生まれ変わっているということは94ページでお話ししました。新しく骨を作る骨芽細胞と、骨を壊す破骨細胞が常に活動することで、骨は少しずつ新陳代謝をしています。

骨は古くなると壊され、新しい骨が作られますが、そのときに骨を作る材料が不足していると、骨密度がスカスカになり、骨折しやすくなります。これが骨粗しょう症です。

立ち上がったときや重いものを持ったときに背中や腰が痛んだり、歳をとって背中が曲がってきたりするのも、骨粗しょう症の症状のひとつです。**骨粗しょう症は気づかぬうちに進んで、悪化していることがあります。**一定の限界を超えるまで症状が顕在化しづらいため、なかなか発見に至らないことがあるのです。

高齢になると定期的に骨密度を計測することをおすすめしますが、まずは運動習慣や食事の見直しが最重要課題です。

骨を作る材料の中で最も大事な栄養素はカルシウムです。

骨粗しょう症の予防には、１日に７００～８００ミリグラムのカルシウムを摂ることが必要とされています。カルシウムを多く含んだ食材を、しっかり摂ることで骨の老化を防ぎましょう。

牛乳と乳製品で骨を元気にする

カルシウムを含む代表的な食品が牛乳と乳製品です。

牛乳はカルシウムと良質のたんぱく質が豊富で、吸収率の高さが一番の特徴です。

乳製品には調理をせずにそのまま食べることができる食品が多いので、毎日少しずつでいいですから食べるよう心がけましょう。

ちなみに、主な乳製品100グラム中に含まれるカルシウム量は、以下の通りです。

・牛乳　110ミリグラム
・ヨーグルト　120ミリグラム
・プロセスチーズ　630ミリグラム
・スキムミルク（脱脂粉乳）　1100ミリグラム

コレステロールが心配な人は牛乳を低脂肪や無脂肪のものにするといいですね。スキムミルクは効率よくカルシウムを摂取できる食品です。コーヒーや紅茶などに入れて手軽に摂取してください。

糖尿病など食事制限が必要な人は、乳製品を間食などで摂取せずスキムミルクをシチューに入れるなど食材として加えましょう。

小魚・海藻はカルシウムの宝庫

カルシウムの多い魚の代表選手はしらすやちりめんじゃこ、イワシの丸干しなどに代表される小魚の干物類です。

魚を骨ごと食べる上、干物にする過程でカルシウムが濃くなるため、とても効率よくカルシウムを摂ることができるのです。

小皿1杯程度のしらすで1日に必要なカルシウムを補えますし、魚の脂肪酸であるDHAやEPAも豊富。その効果はさまざまで、高血圧や動脈硬化の原因となる血中のコレステロールの減少、血液の凝固の予防、血栓の予防などがあります。さらに認知機能や頭の働きを良くする効果もあるといわれています。

海藻もカルシウムが豊富です。中でもひじきには同じ重量で比べると牛乳の約12倍のカルシウムが含まれています。牛乳と違ってひじきには脂質がほとんど含まれていませんので、量を気にすることなく食べることができるのもうれしいですね。

緑黄色野菜は常備菜として食卓に

野菜にもカルシウムが含まれています。中でも小松菜やチンゲン菜などは野菜の中でもカルシウムが多く含まれます。

しかし、乳製品や大豆製品に比べ吸収率は低いのです（牛乳の1／2以下）。また、カルシウムの吸収を妨げるシュウ酸や食物繊維などを多く含むものもあり、カルシウムの供給源として過大な期待はできませんが、おひたしなど副菜として食事に取り入れるといいでしょう。

乳製品のカルシウム吸収率がおよそ50％に対して野菜類は20％以下と言われていますが、摂取量を積み上げていくことが大事なのです。普段の食事でおひたしなど常備菜としてこまめに食べてください。

カルシウムとビタミンの関係性

カルシウムは骨にとって大切な栄養素ですが、同時に「ビタミンD」と「ビタミンK2」をバランスよく摂り、カルシウムを体内できちんと吸収し、骨への沈着を促すことも重要です。これを『骨のゴールデン・トライアングル』と呼びます。

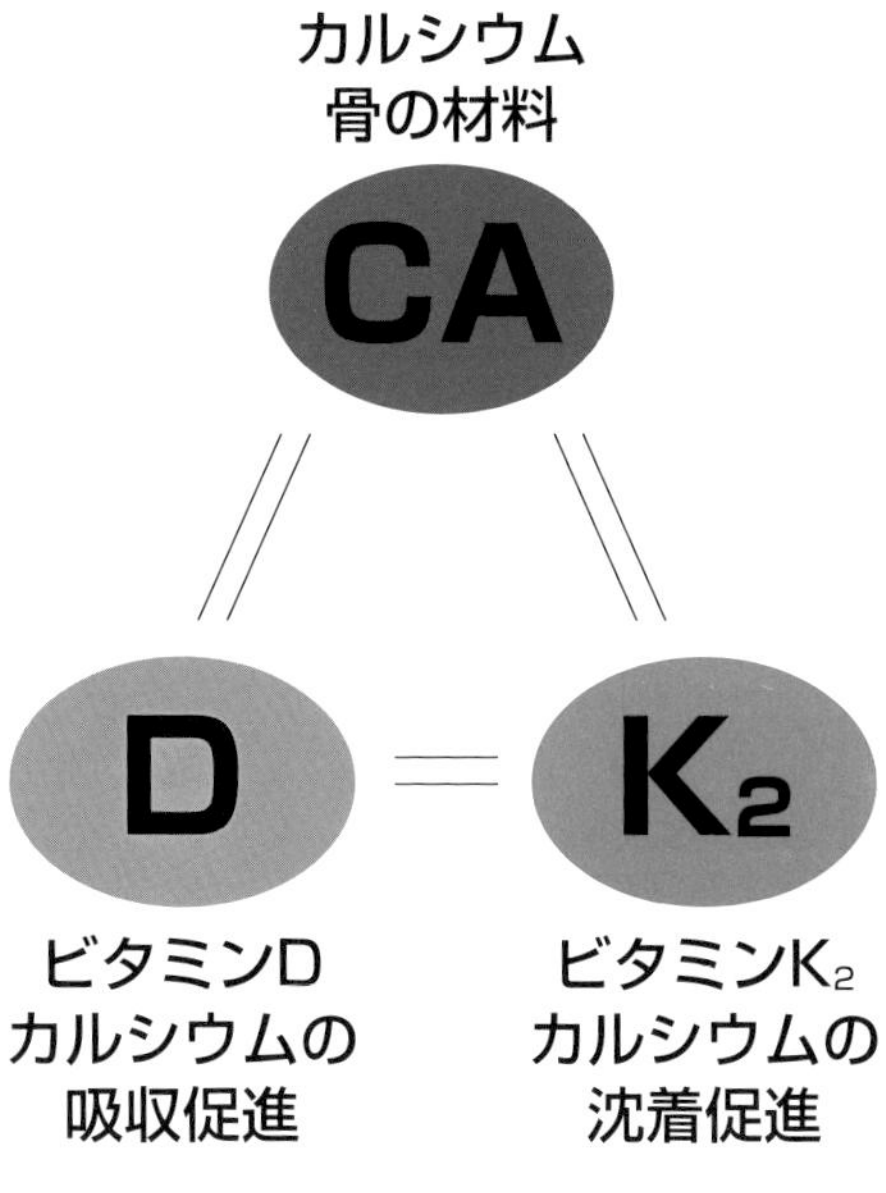

ビタミンDはカルシウムの吸収力を高める働きがあります。小腸でカルシウムとリンの吸収を促進する結果、血液中のカルシウム濃度を保ち丈夫な骨を作ります。青魚、卵類、きのこなどはビタミンDを豊富に含む食品です。また、ビタミンDは油脂に溶けやすい脂溶性のため、動物性食品からのほうが吸収しやすくなります。きのこは油を使って調理することでさらに吸収率が上がります。

ビタミンDは屋外で日光を浴びることでも私たちの皮膚で作られますので、食事から十分な量を摂ることに加えて日光浴も必要です。日本人の場合、約1／3は食事、約2／3は日光浴でビタミンDをとっています。

ビタミンK2は骨の形成を助ける役目を担っています。たんぱく質を同時に摂取できる納豆や緑黄色野菜にはビタミンK2が多く含まれています。

そのほかにもマグネシウム、ビタミンB6、ビタミンB12、葉酸なども骨の生成には働いており、毎日の食生活でバランスよく摂取することが求められます。健康な骨は日々の食事から作っていきましょう。

たんぱく質をしっかり摂取して転倒予防！

日々の食事から意識して骨を丈夫にすると同時に、手足の筋肉を鍛えることも転倒予防につながります。

繰り返しになりますが、しっかり筋トレを行えば、高齢になっても筋肉を増やすことができます。

筋肉を効率よく増やすためには、運動とともに食事が重要です。特に大切な栄養素がたんぱく質です。

筋肉はたんぱく質でできています。たんぱく質は、肉・魚・卵・牛乳などに多く含まれる「動物性たんぱく質」と、大豆や穀物などの「植物性たんぱく質」に分けられます。

両者の違いは必須アミノ酸のバランスにありますが、動物性たんぱく質と植物性たんぱく質の同時摂取効果を動物実験で検証した結果、動物性たんぱく質と植物性たんぱく質を同時に摂取すると、たんぱく質を効率的に吸収し、筋肉萎縮《いしゅく》の抑制傾向があることを確認したという研究が発表されました。

一方のたんぱく質のみを摂取するより、バランスよく摂取することが大事だということですね。

筋肉作りにも重要なビタミンD

筋肉にとってもうひとつ大事な栄養素が、何度も登場するビタミンDです。

ビタミンDはカルシウムの吸収を促し、骨を生成すると同時に、筋肉の発達を促す作用もあります。最近の研究でビタミンDが筋肉中のたんぱく質合成を促進させていることがわかりました。つまり筋肉増強の過程において、ビタミンDが重要な役割を果たしているのです。まさにビタミンDは**高齢者にとっての必須栄養素**と言えるでしょう。

高齢者の歩く速さと寿命との関係を調べた調査では、歩くのが速い人は遅い人に比べて長寿の人が多いことがわかっています。

歩行速度は筋肉量と関係しているため、筋肉の量が多いほど長生きできると考えることもできます。

筋肉をつけるために、たんぱく質やビタミンDの摂取量を増やすようにしましょう。

ビタミンDを効率よく摂取するためには、サバ缶など青魚の缶づめを活用するのも効果的です。サバ缶はカルシウムもいっぺんに摂れるので、骨の強化にも期待がもてます。

バランスを意識した食事で健康長寿

食事は丈夫な体作りの基本です。最後に、具体的な提案をさせていただきます。

まずはじめに、毎日たんぱく質を意識して摂取することをお勧めします。朝食は軽めにパンとスープとヨーグルト。ランチは緑黄色野菜やチーズといった乳製品を食べましょう。

1日の中で肉と魚の両方を一度は食べることを目安にすると、バランスがとれるでしょう。朝か昼に魚などを食べた場合は、夜は肉を食べる、という具合です。

たんぱく質はしっかり食べると満足感がありますし、さらに筋肉と骨を作ってくれます。

新聞紙体操は軽くではありますが、しっかりと体を動かします。主食の炭水化物もしっかり食べてください。高齢者は、無理して糖質オフなんて行う必要はありません。今まで述べた栄養素を加味した伝統的な和食の一汁三菜は、健康的な筋肉作りと骨作りに最適なのです。

おわりに

現在、日本国内の100歳以上の人口は、7万人を超えました。人生100年時代となったいま、長生きするためには、4つの条件が必要であると私は考えます。

1 健康的な食生活を心がけること
2 良好な家族関係を保つこと
3 病気を予防すること
4 そして転倒しないこと

百寿者(センテナリアン)になるためには4条件の他にも住環境や、生まれつきの素因、お酒を飲む飲まない、タバコを吸う吸わない、経済状態……などが左右しますが、100歳まで長生きをするには、自助努力が環境や素因に打ち克ちます。

転倒を予防することは、100歳まで生きるために必要な条件の中で「わずか10

数%程度」のものかもしれません。ただし、上記の条件の中で唯一（といっていいと思います）、いまからでも改善が実現できる可能性を秘めているのです。

私はリハビリを開始する前に、患者さんに必ず「新聞を読んでいますか？」と尋ねます。新聞に目を通し、書かれていることを理解することは、脳の働きを維持している証明にほかならないからです。**つまり私にとって新聞は「認知機能のリトマス試験紙」と言えるのです。**

身体機能と認知機能には、密接な関係があります。

かつて認知機能が低い人には、身体機能を上げる術がないと言われていました。そして認知機能が低いと、リハビリはできない、とまで言われていたのです。しかし、そんな人でもリハビリを続けると、身体機能が上がってくることがわかってきました。

私は80代になりましたが、新聞は昔から一番身近なメディアであり、読み物でした。

雨の日も冬の日も朝起きたら玄関に届いている新聞は、当たり前のように私たちのそばにありました。私は朝起きたら布団の中でストレッチをして、その後朝ごはん食べている間に1時間弱をかけてじっくりと新聞に目を通します。

新聞紙といえばひとつ笑い話しがあるのでお教えしましょう。昭和の初めにラジオが登場してニュースを知るのに、ラジオがいいか、あるいは新聞がいいかという論争が起きたときのことです。

その結論は「新聞紙は読み終わった後に弁当箱を包めるから新聞の勝ち」となったそうです。

面白いですよね。読んだ後の新聞紙を、昔の人は有効活用していました。そして私はいま、新聞紙体操という最高の活用方法を見つけました。

体を動かして、認知機能を高める。

人として大切なのは他人から認められることです。そのために自分のなりたい自分になり、常に元気でいることで、それによりいつまでも忘れられない自分を保てます。歳を重ねると、できることが限られてきます。しかし、自分が頑張れば未来は変わるという事実は揺るぎません。

あなたが生きてきた証しをしっかりと残すためにも、新聞紙体操で頭と体のトレーニングを頑張りましょう。楽しむこと。脳を刺激すること。社会に興味を持ち、趣味を楽しみ、活動し、いつまでも毎日が楽しいと思えること。

１００歳のその先、いくつになっても元気でいましょう。私もまだまだ負けていられませんよ。

新聞紙体操 もう転ばない！ 倒れない！ 老けない！

原宿リハビリテーション病院 名誉院長
著者 林 泰史（はやし やすふみ）

[専門]
リハビリテーション医学、整形外科学、老年病学
[経歴]
1964年 京都府立医科大学医学部卒業
1965年 東京大学整形外科学教室入局
1986年 東京都老人医療センターリハビリテーション科部長
1995年 東京都衛生局技監・東京都精神科学研究所所長
2002年 東京都老人医療センター病院長・東京都老人総合研究所所長
2006年 東京都リハビリテーション病院院長
2014年 赤羽リハビリテーション病院勤務（非常勤）
2015年 一般社団法人 巨樹の会 原宿リハビリテーション病院名誉院長

2020年2月15日　初版発行

装丁　森田直／佐藤桜弥子（FROG KING STUDIO）
構成　キンマサタカ（パンダ舎）
撮影　八坂悠司
モデル　北風百恵
ヘアメイク　高部友見
スタイリング　木村美希子
衣装協力　ニッキー株式会社
マンガ　佐原苑子
校正　東京出版サービスセンター
編集　小島一平・中野賢也（ワニブックス）

発行者　横内正昭
編集人　岩尾雅彦
発行所　株式会社ワニブックス
〒150-8482
東京都渋谷区恵比寿4-4-9えびす大黑ビル
電話　03-5449-2711（代表）
03-5449-2716（編集部）
ワニブックスHP　http://www.wani.co.jp/
WANI BOOKOUT　http://www.wanibookout.com/

印刷所　株式会社光邦
DTP　有限会社 Sun Creative
製本所　ナショナル製本

ISBN 978-4-8470-9882-6